배경지식이 문해력이다

문해력이다

P단계

예비 초등 ~ 초등 1학년 권장

KB217845

교 재
내 용
문 의

교재 내용 문의는 EBS 초등사이트
(primary.ebs.co.kr)의 교재 Q&A 서비스를
활용하시기 바랍니다.

교 재
정오표
공 지

발행 이후 발견된 정오 사항을 EBS 초등사이트
정오표 코너에서 알려 드립니다.
교과/교재 → 교재 → 교재 선택 → 정오표

교 재
정 정
신 청

공지된 정오 내용 외에 발견된 정오 사항이
있다면 EBS 초등사이트를 통해 알려 주세요.
교과/교재 → 교재 → 교재 선택 → 교재 Q&A

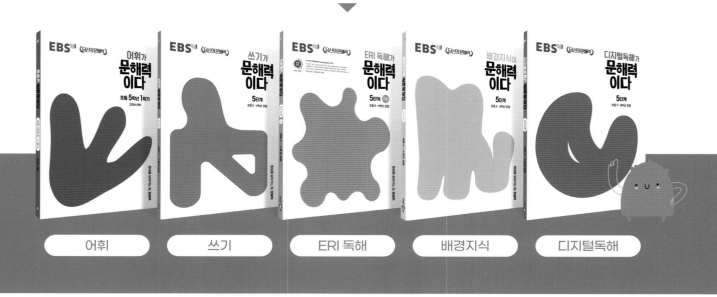

배경지식이

문해력
이다

P단계

예비 초등 ~ 초등 1학년 권장

교과서를 혼자 읽지 못하는 우리 아이?
평생을 살아가는 힘, '문해력'을 키워 주세요!

'배경지식이 문해력이다'

배경지식 학습으로 문해력 키우기

1

**교과서 개념 학습의 배경지식이 되는 내용으로
문해력을 키울 수 있습니다.**

어려운 뜻의 개념어를 학습자의 눈높이에 맞게 이해하기 쉽게 풀어서 설명하였습니다.

2

**학년별&교과별 성취 수준에 맞는
개념어로 구성하였습니다.**

각 학년 주요 교과와 생활 중심의 안전 학습을 강조한 성취 기준을 바탕으로 한
개념어 학습이 가능합니다.

3

**하나의 개념어를 중심으로
개념을 확장하며 학습할 수 있습니다.**

개념어 중심의 학습 내용에서 한 발짝 더 나아간 개념 설명을 제시하여 배경지식을 폭넓게
확장할 수 있습니다.

4

**학습 내용을 시각화한 그림과 확인 문제를 통해
배경지식을 체계적으로 익힐 수 있습니다.**

개념어와 관련된 학습 내용을 재미있는 그림으로 구성하였습니다.
여러 가지 유형의 확인 문제로 배경지식을 제대로 학습하였는지 확인할 수 있습니다.

5

**학습 내용과 함께 인성 동화를 제시하여
인성적인 측면을 강조하였습니다.**

9가지 인성 덕목인 효, 예절, 정직, 책임, 존중, 배려, 협동, 소통, 용기를 주제로 한 동화를 구성하여
인성 발달에 도움이 되도록 하였습니다.

EBS 〈당신의 문해력〉 교재 시리즈는 약속합니다.

교과서를 잘 읽고 더 나아가 많은 책과 온갖 글을 읽는 능력을 갖출 수 있도록
문해력을 이루는 **핵심 분야별, 학습 단계별** 교재를 준비하였습니다.
한 권 **5회×4주 학습**으로
아이의 공부하는 힘, 평생을 살아가는 힘을 EBS와 함께 키울 수 있습니다.

어휘가 문해력이다

어휘 실력이 교과서를 읽고 이해할 수 있는지를 결정하는 척도입니다.
〈어휘가 문해력이다〉는 교과서 진도를 나가기 전에 꼭 예습해야 하는 교재입니다.
20일이면 한 학기 교과서 필수 어휘를 완성할 수 있습니다.
국어, 수학, 사회, 과학 교과서 수록 필수 어휘들을 교과서 진도에 맞춰
날짜별, 과목별로 공부하세요.

쓰기가 문해력이다

쓰기는 자기 생각을 표현하는 미래 역량입니다.
서술형, 논술형 평가의 비중은 점점 커지고 있습니다.
객관식과 단답형만으로는 아이들의 생각과 미래를 살펴볼 수 없기 때문입니다.
막막한 쓰기 공부. 이제 단어와 문장부터 하나씩 써 보며 차근차근 학습하는
〈쓰기가 문해력이다〉와 함께 쓰기 지구력을 키워 보세요.

ERI 독해가 문해력이다

독해를 잘하려면 체계적이고 객관적인 단계별 공부가 필수입니다.
기계적으로 읽고 문제만 푸는 독해 학습은 체격만 키우고 체력은 미달인 아이를 만듭니다.
〈ERI 독해가 문해력이다〉는 특허받은 독해 지수 산출 프로그램을 적용하여 글의 난이도를
체계화하였습니다.
단어 · 문장 · 배경지식 수준에 따라 설계된 단계별 독해 학습을 시작하세요.

배경지식이 문해력이다

배경지식은 문해력의 중요한 뿌리입니다.
하루 두 장, 교과서의 핵심 개념을 글과 재미있는 삽화로 익히고 한눈에 정리할 수 있습니다.
시간이 부족하여 다양한 책을 읽지 못하더라도 교과서의 중요 지식만큼은 놓치지 않도록
〈배경지식이 문해력이다〉로 학습하세요.

디지털독해가 문해력이다

디지털독해력은 다양한 디지털 매체 속 정보를 읽어내는 힘입니다.
아이들이 접하는 디지털 매체는 매일 수많은 정보를 만들어 내기 때문에
디지털 매체의 정보를 판단하는 문해력은 현대 사회의 필수 능력입니다.
〈디지털독해가 문해력이다〉로 교과서 내용을 중심으로 디지털 매체 속 정보를 확인하고
다양한 과제를 해결해 보세요.

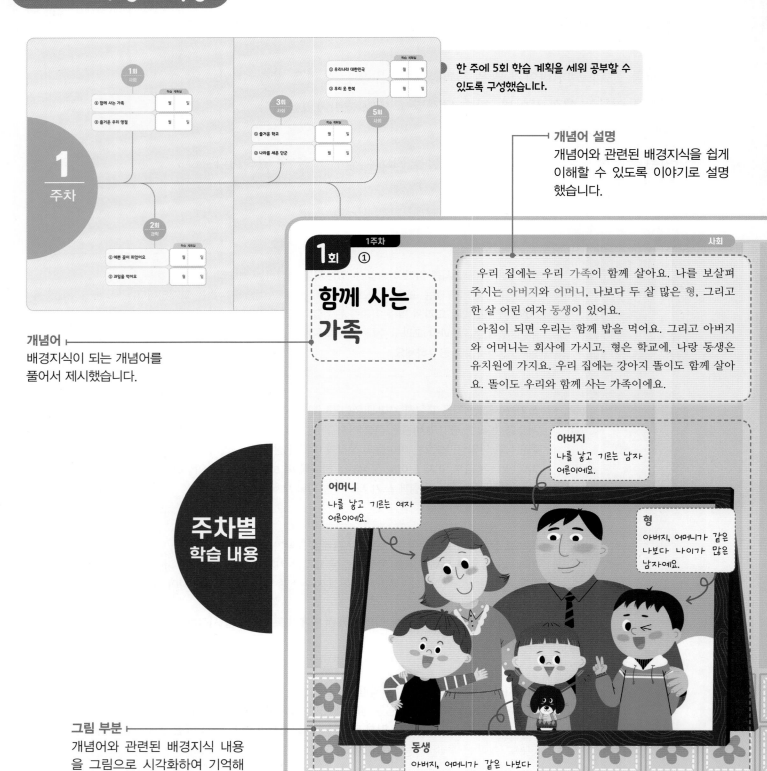

한 주에 5회 학습 계획을 세워 공부할 수 있도록 구성했습니다.

개념어 설명
개념어와 관련된 배경지식을 쉽게 이해할 수 있도록 이야기로 설명했습니다.

개념어
배경지식이 되는 개념어를 풀어서 제시했습니다.

주차별 학습 내용

1회 ①

함께 사는 가족

우리 집에는 우리 가족이 함께 살아요. 나를 보살펴 주시는 아버지와 어머니, 나보다 두 살 많은 형, 그리고 한 살 어린 여자 동생이 있어요.
아침이 되면 우리는 함께 밥을 먹어요. 그리고 아버지와 어머니는 회사에 가시고, 형은 학교에, 나랑 동생은 유치원에 가지요. 우리 집에는 강아지 똘이도 함께 살아요. 똘이도 우리와 함께 사는 가족이에요.

아버지
나를 낳고 기르는 남자 어른이에요.

어머니
나를 낳고 기르는 여자 어른이에요.

형
아버지, 어머니가 같은 나보다 나이가 많은 남자예요.

동생
아버지, 어머니가 같은 나보다 나이가 어린 남자나 여자예요.

이해 나와 함께 사는 아버지, 어머니, 형, 동생 등을 □□이라고 해요.

그림 부분
개념어와 관련된 배경지식 내용을 그림으로 시각화하여 기억해야 할 내용들은 설명과 함께 구성했습니다.

이해
개념어를 문장에 적용해 봄으로써 이해하였는지 확인하도록 구성했습니다.

개념어 학습
개념어 학습과 보충 학습으로 배경지식을
확장할 수 있게 구성했습니다.

문제
간단한 유형의 학습 내용
관련 문제를 제시했습니다.

1주차
확인 문제

1 알맞은 말에 ○표를 하세요. 사회

　나를 낳고 기르는 남자 어른은 (아버지 , 어머니)이다.

2 다음 중 설날에 먹는 음식은? ( ) 사회

　① 송편　② 떡국　③ 오곡밥　④ 토란국

3 다음 설명에 알맞은 것은? ( ) 사회

　• 주로 추석에 즐기던 놀이이다.
　• 여럿이 서로 손을 잡고 큰 둥그라
　미를 만들면서 뛴다.

　① 달맞이　② 널뛰기　③ 강강술래　④ 연날리기

확인 문제

한 주 동안 학습한 내용을 다양한 문제
유형으로 확인할 수 있도록 구성했습니다.

▶ 정답과 해설 3쪽

나의 가족

할아버지
나의 아버지나
어머니를 길러
주신 남자 어른
이에요.

할머니
나의 아버지나
어머니를 길러
주신 여자 어른
이에요.

언니/누나
아버지, 어머
니가 같은 나보
다 나이가 많은
여자예요.

반려동물
우리 가족과
함께 사는 동물
이에요.

⊙ 가족에 모두 ○표를 하세요.

할아버지	형	유치원 선생님
	동생	아버지

⊙ 다음 설명에 알맞은 말을 쓰세요.

　• 가족처럼 여기는 동물이다.
　• 우리 가족과 함께 산다.

⊙ 알맞게 선으로 이으세요.

어머니 ·
　　　· 나의 아버지나
　　　어머니를 길러
　　　주신 남자 어른.

할아버지

정리 학습

한 주의 학습 내용을 빈칸 학습을 통해
정리할 수 있도록 구성했습니다.

인성 동화

9가지 인성 덕목(효, 예절, 정직, 책임,
존중, 배려, 협동, 소통, 용기)을 담아
생활 속 이야기로 구성했습니다.

차례

1
주차

1회
사회

	학습 계획일
① 함께 사는 가족	월 일
② 즐거운 우리 명절	월 일

2회
과학

	학습 계획일
① 예쁜 꽃이 피었어요	월 일
② 과일을 먹어요	월 일

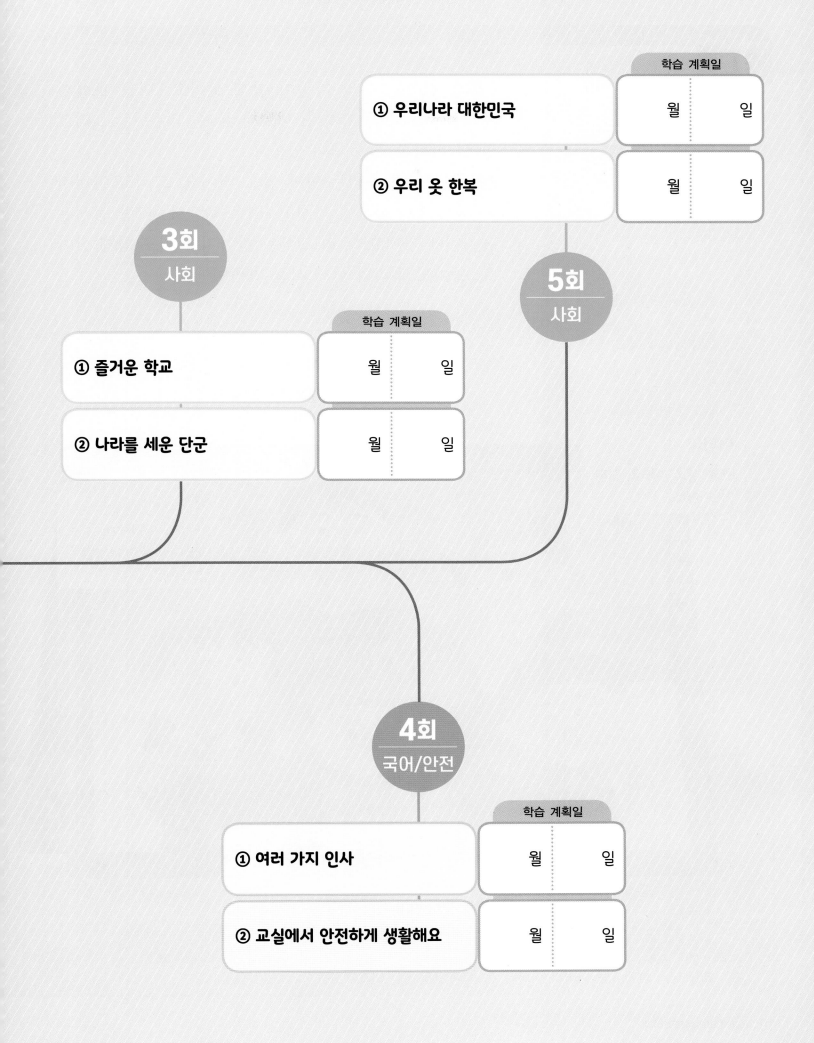

3회
사회

① 즐거운 학교
학습 계획일 월 일

② 나라를 세운 단군
학습 계획일 월 일

① 우리나라 대한민국
학습 계획일 월 일

② 우리 옷 한복
학습 계획일 월 일

5회
사회

4회
국어/안전

① 여러 가지 인사
학습 계획일 월 일

② 교실에서 안전하게 생활해요
학습 계획일 월 일

1회 ①

함께 사는 가족

　우리 집에는 우리 가족이 함께 살아요. 나를 보살펴 주시는 아버지와 어머니, 나보다 두 살 많은 형, 그리고 한 살 어린 여자 동생이 있어요.

　아침이 되면 우리는 함께 밥을 먹어요. 그리고 아버지와 어머니는 회사에 가시고, 형은 학교에, 나랑 동생은 유치원에 가지요. 우리 집에는 강아지 똘이도 함께 살아요. 똘이도 우리와 함께 사는 가족이에요.

아버지
나를 낳고 기르는 남자 어른이에요.

어머니
나를 낳고 기르는 여자 어른이에요.

형
아버지, 어머니가 같은 나보다 나이가 많은 남자예요.

동생
아버지, 어머니가 같은 나보다 나이가 어린 남자나 여자예요.

이해 ▶ 나와 함께 사는 아버지, 어머니, 형, 동생 등을 □□이라고 해요.

나의 가족

할아버지

나의 아버지나 어머니를 길러 주신 남자 어른 이에요.

할머니

나의 아버지나 어머니를 길러 주신 여자 어른 이에요.

언니/누나

아버지, 어머 니가 같은 나보 다 나이가 많은 여자예요.

반려동물

우리 가족과 함께 사는 동물 이에요.

▶ 정답과 해설 **3쪽**

◉ 가족에 모두 ○표를 하세요.

할아버지	형	유치원 선생님
	동생	아버지

◉ 다음 설명에 알맞은 말을 쓰세요.

• 가족처럼 여기는 동물이다.
• 우리 가족과 함께 산다.

◉ 알맞게 선으로 이으세요.

어머니 •

할아버지 •

• 나의 아버지나 어머니를 길러 주신 남자 어른.

• 나를 낳고 기 르는 여자 어른.

1회 ②

즐거운 우리 명절

설날과 추석은 우리나라의 대표적인 명절이에요. 사람들은 오랜만에 가족이나 친척들을 만나, 즐거운 시간을 보내요. 또 돌아가신 할아버지, 할머니를 생각하며 차례를 지내기도 하지요.

설날에는 세배를 하고, 떡국을 먹고, 연날리기나 팽이치기 등을 해요. 추석에는 송편을 먹고, 강강술래나 씨름 등을 하고, 달맞이를 해요.

설날
새해를 맞이하는 첫날로, 웃어른께 세배를 하며 인사를 드려요.

추석
한 해의 농사를 마무리하며 감사하는 날로, 보름달을 보며 소원을 빌어요.

이해 ▶ 설날과 추석은 우리나라의 대표적인 □□이에요.

설날 음식과 놀이

떡국

떡국을 먹으며 나이 한 살을 더 먹는다고 생각했어요.

연날리기

바람이 부는 들판이나 언덕에서 연을 날렸어요.

추석 음식과 놀이

송편

반달 모양의 송편을 만들어 먹었어요.

강강술래

여럿이 서로 손을 잡고 큰 동그라미를 만들면서 뛰는 강강술래를 했어요.

◉ 다음 설명에 알맞은 말을 쓰세요.

> • 우리나라 명절 중 하나이다.
> • 새해의 첫날이다.
> • 떡국을 먹는다.

⬜ ⬜

◉ 알맞게 선으로 이으세요.

설날 •	• 달맞이
추석 •	• 세배

◉ 추석에 대한 설명에 ◯표를 하세요.

송편을 먹는다.	⬜
창포물에 머리를 감는다.	⬜

예쁜 꽃이 피었어요

승하가 공원에 봄나들이를 왔어요. 공원에는 꽃이 한 가득 피어 있었지요. 개나리, 철쭉, 민들레……. 모양도 예쁘고 색깔도 예뻐요. 킁킁! 어디선가 향긋한 꽃 냄새가 나요. 벌과 나비도 꽃을 찾아왔어요. 달콤한 꿀을 얻으려나 봐요.

꽃은 봄뿐만 아니라 여름과 가을에도 피어요. 추운 겨울에 피는 꽃도 있답니다.

개나리
봄에 피는 노란색 꽃으로, 꽃잎이 별 모양이에요.

철쭉
봄에 분홍색, 흰색, 자주색 등의 꽃이 피어요.

이해 ▶ 철쭉, 개나리 등을 □이라고 해요.

여러 가지 꽃

장미
　여름에 피어요. 향기가 좋고, 색깔이 여러 가지예요.

해바라기
　여름이나 가을에, 키가 크고 노란색 큰 꽃이 피어요.

국화
　가을에 피는 꽃으로, 색깔과 모양이 여러 가지예요.

동백
　겨울에서 봄 사이에 붉은 꽃이 피어요.

◉ 알맞은 말에 ○표를 하세요.

　개나리는 봄에 피는 (노란색 , 보라색) 꽃이다.

◉ 장미에 대한 설명에 ○표를 하세요.

가을에 피는 꽃이다. ☐

향기가 좋고 색깔이 여러 가지이다. ☐

◉ 다음 설명에 알맞은 말을 쓰세요.

• 여름이나 가을에 피는 꽃이다.
• 노란색의 큰 꽃이 핀다.

☐ ☐ ☐ ☐

과일을 먹어요

지유는 과일을 좋아해요. 그중에서도 달콤하고 향긋한 복숭아를 제일 좋아하지요.

오늘 지유는 엄마와 과일 가게에 갔어요. 복숭아도 사고, 엄마가 좋아하는 사과도 사고, 노란 바나나와 보랏빛 열매가 알알이 달린 포도도 샀어요. 엄마가 과일은 맛도 좋고 건강에도 좋다고 하셨어요. 지유는 과일을 더 많이 먹어야겠다고 생각했어요.

포도
작은 열매가 여럿이 모여서 송이를 이룬 과일이에요.

바나나
껍질이 노랗고 길쭉하며, 달콤해요.

복숭아
껍질에 털이 있고, 달콤하고 향긋해요.

사과
껍질이 빨간색이나 초록색을 띠며, 단맛이 나요.

이해 ▶ 사과, 복숭아, 포도, 바나나 등을 □□이라고 해요.

▶ 정답과 해설 6쪽

여러 가지 과일

배
껍질이 누렇고, 달고 시원한 맛이 나요.

감
그대로 먹거나, 푹 익혀 홍시로 먹거나, 말려서 곶감으로 먹어요.

귤
새콤달콤한 맛이 나는 주황색 열매예요.

키위
껍질에 거칠거칠한 털이 있고, 맛은 새콤달콤해요.

◎ 알맞게 선으로 이으세요.

| 감 | • | • | 껍질이 노랗고 길쭉하다. |
| 바나나 | • | • | 말려서 곶감으로 먹기도 한다. |

◎ 포도에 대한 설명에 ○표를 하세요.

껍질이 주황색이다. ☐

작은 열매가 여럿이 모여서 송이를 이룬다. ☐

◎ 다음 설명에 알맞은 말을 쓰세요.

• 껍질에 거칠거칠한 털이 있는 과일이다.
• 새콤달콤한 맛이 난다.

즐거운 학교

학교는 여러 가지를 배우는 곳이에요. 공부에 필요한 여러 장소가 학교에 모여 있지요. 친구들과 함께 공부하는 교실도 있고, 선생님들이 모여 있는 교무실도 있어요. 책을 읽는 도서관도 있고, 아플 때 가는 보건실도 있어요. 또 맛있는 점심을 먹는 급식실도 있고, 신나게 운동하는 운동장도 있어요. 학생들은 학교에서 공부도 하고 친구와 즐겁게 지낸답니다.

학교
선생님은 가르치고, 학생은 배우는 곳이에요.

운동장
친구들과 운동을 하고, 학교 행사를 하는 곳이에요.

이해 ▶ □□에는 교실, 운동장, 교무실, 도서관, 보건실 등이 있어요.

학교에서 볼 수 있는 곳

교실

학생들이 함께 지내며 공부하는 곳이에요.

교무실

선생님들이 모여 회의를 하고, 여러 가지 일을 하는 곳이에요.

도서관

여러 종류의 책을 읽거나 빌리는 곳이에요.

보건실

아프거나 다쳤을 때 가는 곳이에요. 보건 선생님이 치료해 주세요.

◉ 학교에서 볼 수 있는 것에 모두 ○표를 하세요.

교실	대사관	도서관
교무실	휴게소	보건실

◉ 다음 설명에 알맞은 말을 쓰세요.

- 아프거나 다쳤을 때 가는 곳이다.
- 보건 선생님이 치료해 주신다.

◉ 알맞게 선으로 이으세요.

운동장 ·

도서관 ·

· 책을 읽거나 빌리는 곳.

· 운동을 하고 학교 행사를 하는 곳.

나라를 세운 단군

하늘에 살던 환웅이 비, 구름, 바람을 거느리고 땅으로 내려왔어요. 그런데 곰과 호랑이가 사람이 되고 싶다며 환웅을 찾아왔지요. 환웅은 쑥과 마늘을 먹으며 백 일 동안 햇빛을 보지 말라고 했어요. 호랑이는 동굴을 뛰쳐 나갔지만 곰은 21일을 견뎌 여자인 웅녀가 되었어요. 환웅은 웅녀와 결혼하여 단군을 낳았지요. 그리고 단군 은 우리나라 최초의 나라인 고조선을 세웠답니다.

단군
여러 부족들을 합하여 우리나라 최초의 나라인 고조선을 세웠어요.

이해 ▶ 우리나라 최초의 나라인 고조선을 세운 사람은 □□이에요.

▶ 정답과 해설 8쪽

나라를 세운 사람들

박혁거세

알에서 태어나 신라를 세웠어요.

왕건

고려를 세우고, 후삼국을 통일했어요.

이성계

고려의 장군이었으며, 조선을 세웠어요.

◉ 알맞게 선으로 이으세요.

왕건 •	• 신라
박혁거세 •	• 고려
이성계 •	• 조선

◉ 다음 설명에 알맞은 말을 쓰세요.

- 고조선을 세운 사람이다.
- 환웅과 웅녀 사이에서 태어났다.

□□

◉ 알맞은 내용에 ○표를 하세요.

단군은 우리나라 최초의 나라를 세웠다. □

이성계는 원래 신라의 장군이었다. □

4회 ① 1주차

여러 가지 인사

민주와 엄마가 사람들을 만나 반갑게 인사해요. 민주는 유치원 친구 치호를 만나 인사를 하고, 엄마는 과일 가게 할머니께 인사를 하지요.

그런데 하는 인사가 저마다 달라요. 인사는 만날 때와 헤어질 때가 다르고, 만난 사람이 누구인지에 따라 다르거든요. 하지만 인사를 나누면 사람들과 더욱 친하게 지낼 수 있다는 점은 같아요.

인사
만나거나 헤어질 때, 미안하거나 고마울 때 하는 말이나 행동을 말해요.

안녕하세요.
윗어른을 만날 때 하는 인사말이에요.

안녕.
친구나 동생과 만나거나 헤어질 때 하는 인사말이에요.

이해 ▶ 누군가와 만나거나 헤어질 때 하는 □□에는 여러 가지가 있어요.

여러 가지 인사

안녕히 계세요.
웃어른과 헤어질 때 하는 인사말이에요.

감사합니다.
웃어른께 고마운 마음을 전할 때 하는 인사말이에요.

고마워.
친구나 동생에게 고마운 마음을 전할 때 하는 인사말이에요.

미안해.
친구나 동생에게 미안한 마음을 전할 때 하는 인사말이에요.

◉ 인사말에 모두 ○표를 하세요.

안녕하세요.	왜?
좋아.	미안해. 안녕.

◉ 다음 설명에 알맞은 말을 쓰세요.

- 친구나 동생에게 하는 인사말이다.
- 만나거나 헤어질 때 주고받는다.

◉ 알맞게 선으로 이으세요.

고마워. •
• 친구나 동생에게 고마운 마음을 전하는 인사말.

미안해. •
• 친구나 동생에게 미안한 마음을 전하는 인사말.

4회 ②

교실에서 안전하게 생활해요

교실은 반 친구 모두와 함께 지내는 곳이에요. 그래서 서로 조심해야 안전하게 지낼 수 있어요.

우선 교실 문을 열고 닫을 땐 주위를 살펴요. 또 교실에서 뛰면 안 돼요. 친구와 부딪치거나 책상 모서리에 다칠 수 있거든요. 책상 밖으로 발을 내밀거나, 교실 바닥에 물건을 아무렇게나 놓아서도 안 돼요. 친구가 넘어질 수 있으니 조심해야 한답니다.

이해 ▶ 반 친구들과 공부를 하는 □□에서는 안전에 주의해야 해요.

교실에서 하면 안 되는 일

- 책상이나 창문에 올라가면 안 돼요.
- 교실 창밖으로 물건을 던지면 안 돼요.
- 친구가 앉으려고 할 때 의자를 빼면 안 돼요.

학교에서 주의할 점

급식실
친구들과 부딪치지 않도록 조심해요.

도서관
시끄럽게 떠들거나, 뛰어다니거나, 장난을 치지 않아요.

보건실
약을 함부로 만지거나 먹지 않아요.

◉ 알맞은 내용에 ○표를 하세요.

책상 밖으로 발을 내밀지 않는다.

심심하면 교실 창밖으로 물건을 던진다.

◉ 다음 설명에 알맞은 말을 쓰세요.

- 친구들과 공부를 하는 곳이다.
- 반 친구들과 함께 지내는 곳이므로 조심해야 한다.

◉ 알맞게 선으로 이으세요.

보건실 ·

· 약을 함부로 만지거나 먹지 않는다.

급식실 ·

· 친구들과 부딪치지 않도록 조심한다.

우리나라 대한민국

우리나라의 이름은 대한민국이에요. 아시아의 동쪽에 있으며 세 면이 바다로 둘러싸여 있어요. 우리나라의 깃발은 태극기예요. 삼일절이나 광복절 같은 날 집집마다 걸거나, 올림픽이나 월드컵 때 태극기를 펄럭이며 응원해요. 그리고 우리나라 노래인 애국가는 공식적인 행사 때마다 불러요. 우리나라를 대표하는 꽃은 무궁화인데요, 피고 지고 다시 또 피어서 우리나라의 꽃이 되었어요.

애국가
대한민국을 대표하는 노래예요.

동해물과 백두산이

태극기
대한민국의 깃발로, 네모난 흰 바탕에 태극 무늬가 있어요.

무궁화
대한민국의 나라 꽃이에요.

이해 ▶ 우리나라의 이름은 □□□□이에요.

우리나라를 대표하는 것

한글

세종대왕이 만든 우리나라 고유의 글자예요.

태권도

손발을 사용하여 겨루는 우리나라 고유의 무술이에요.

한복

선이 아름다운 우리나라 고유의 옷이에요.

김치

소금에 절인 채소에 양념을 버무려 만든 우리나라 고유의 음식이에요.

◉ 우리나라를 대표하는 것에 모두 ○표를 하세요.

태권도	장미	영어
무궁화	기모노	태극기

◉ 다음 설명에 알맞은 말을 쓰세요.

대한민국을 대표하는 노래이다.

◉ 알맞게 선으로 이으세요.

한글 •

김치 •

• 우리나라 고유의 음식.

• 우리나라 고유의 글자.

우리 옷 한복

한복은 우리나라 사람들이 오래전부터 입던 우리 옷이에요. 지금은 설날이나 추석, 특별한 날에 한복을 입어요. 여자는 저고리와 치마를 입고, 남자는 저고리와 바지를 입었어요. 날씨가 추워지면 저고리 위에 배자를 입었고요. 집 밖을 나갈 때에는 두루마기를 입었어요. 또 머리는 댕기나 비녀 따위로 장식을 했고, 발에는 버선을 신었답니다.

저고리
남자와 여자 한복의 윗옷이에요.

바지
저고리와 함께 입는 남자 한복의 아래옷이에요.

치마
저고리와 함께 입는 여자 한복의 아래옷이에요.

이해▶ 설날이나 추석에는 우리나라 고유의 옷인 □□을 입어요.

한복과 관련된 것 ///////////////////////

버선
발을 보호하고, 발 모양을 예뻐 보이게 하려고 신어요.

댕기
길게 딿은 머리끝에 매는 고운 빛깔의 끈이에요.

배자
날이 추워지면 저고리 위에 덧입는 소매 없는 옷이에요.

두루마기
집 밖에 나갈 때 예의를 갖추기 위해 입는 겉옷이에요.

◉ 알맞게 선으로 이으세요.

| 저고리 | • | | • | 한복의 윗옷. |

| 치마 | • | | • | 여자 한복의 아래옷. |

◉ 버선에 대한 설명에 ○표를 하세요.

발을 보호하기 위해 신는다. ☐

발을 시원하게 하려고 신는다. ☐

◉ 다음 설명에 알맞은 말을 쓰세요.

- 저고리 위에 입는 한복이다.
- 소매가 없는 모양이다.
- 날씨가 추울 때 입는다.

☐ ☐

1 알맞은 말에 ○표를 하세요. 》 ···· **사회**

> 나를 낳고 기르는 남자 어른은 (아버지 , 어머니)이다.

2 다음 중 설날에 먹는 음식은? (   ) 》 ···· **사회**

① 송편   ② 떡국   ③ 오곡밥   ④ 토란국

3 다음 설명에 알맞은 것은? (   ) 》 ···· **사회**

> • 주로 추석에 즐기던 놀이이다.
> • 여럿이 서로 손을 잡고 큰 동그라미를 만들면서 뛴다.

① 달맞이   ② 널뛰기   ③ 강강술래   ④ 연날리기

▶ 정답과 해설 13쪽

4 다음 꽃의 이름은 무엇인가요? (   ) »   과학

① 철쭉
② 개나리
③ 민들레
④ 해바라기

5 알맞게 선으로 이으세요. »   과학

   ·   ·   귤

   ·   ·   배

6 다음 중 학교에서 볼 수 <u>없는</u> 것은? (   ) »   사회

① 교실   ② 운동장   ③ 도서관   ④ 슈퍼마켓

7 알맞은 말에 ○표를 하세요. »──────────────────────────────── 사회

(왕건 , 단군)은 우리나라 최초의 나라인 고조선을 세웠다.

8 다음 설명에 알맞은 인사말은? ( ) »──────────────── 국어

- 웃어른께 하는 인사말이다.
- 고마운 마음을 전할 때 쓴다.

① 안녕하세요.   ② 감사합니다.   ③ 미안합니다.   ④ 안녕히 계세요.

9 교실에서 하는 바른 행동에 모두 ○표를 하세요. »──────────────── 안전

(1) 책상이나 창문에 올라가지 않는다. ( )
(2) 교실 바닥에 물건을 아무렇게나 놓지 않는다. ( )
(3) 친구가 앉으려고 할 때, 의자를 살짝 빼 놓는다. ( )

▶ 정답과 해설 **14**쪽

10 다음 설명에 알맞은 것은? (   ) ·· 사회

> • 우리나라 고유의 무술이다.
> • 주로 손발을 사용해서 겨룬다.

① 검도　　　　　② 유도　　　　　③ 권투　　　　　④ 태권도

11 다음 중 우리나라를 대표하는 것은? (   ) ························· 사회

① 백합　　　　　② 성조기　　　　③ 애국가　　　　④ 햄버거

12 알맞게 선으로 이으세요. ··· 사회

　　•　　　　　•　댕기

　　•　　　　　•　두루마기

사회 함께 사는 가족

ㅇ ㅂ ㅈ

ㅇ ㅁ ㄴ

ㅎ

ㄷ ㅅ

사회 즐거운 우리 명절

새해 복 많이 받으세요.

ㅅ ㄴ

ㅊ ㅅ

과학　예쁜 꽃이 피었어요

| ㄱ | ㄴ | ㄹ |

| ㅊ | ㅉ |

과학　과일을 먹어요

| ㅅ | ㄱ |

| ㅂ | ㄴ | ㄴ |

| ㄱ |

| ㅍ | ㄷ |

ㄱ ㅁ ㅅ

ㄱ ㅅ

ㅂ ㄱ ㅅ

ㄷ ㅅ ㄱ

ㅇ ㄴ

ㅇ ㄴ ㅎ ㅅ ㅇ

▶ 정답과 해설 16쪽

사회 우리나라 대한민국

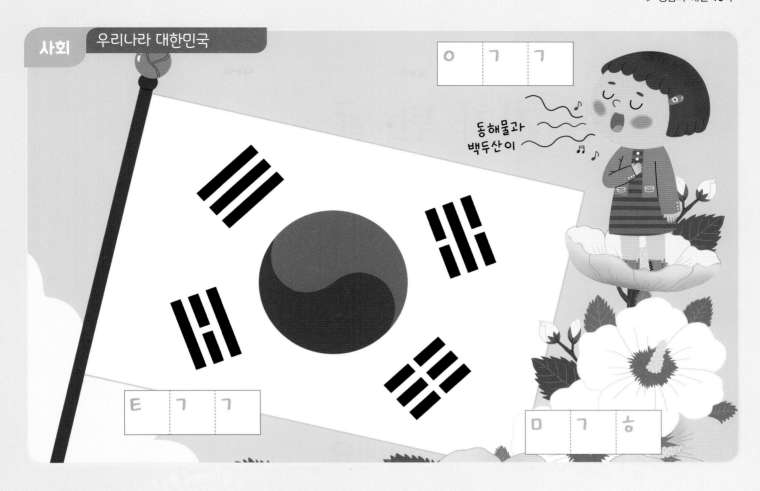

ㅇ ㄱ ㄱ

동해물과
백두산이

ㅌ ㄱ ㄱ

ㅁ ㄱ ㅎ

사회 우리 옷 한복

ㅈ ㄱ ㄹ

ㅊ ㅁ

ㅂ ㅈ

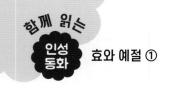
처음 기차 탄 날

기차 타는 건 처음이에요

오늘은 특별한 날이에요.

일곱 살인 정민이가 태어나서 처음으로 기차를 타게 됐거든요. 시골에 계신 할아버지의 생신을 축하해 드리기 위해 엄마랑 네 살인 남동생 정우랑 기차를 타고 할아버지 댁에 가기로 했어요.

어제 저녁, 아빠는 정민이에게 이렇게 말씀하셨어요.

"정민아, 내일 할아버지 생신인 거 알고 있지? 아빠도 같이 가고 싶은데 회사 일이 바빠서 같이 못 가게 되었어. 정민이는 내일 처음으로 기차를 타게 되어 설레고 떨릴 거야. 그런데 정우가 아직 어려서 가는 동안 엄마가 힘드실 테니 누나인 정민이가 엄마를 도와주었으면 좋겠어. 어때? 자신 있지? 자, 약속!"

"약속!"

정민이는 자신 있게 대답하며 아빠랑 새끼손가락을 걸었어요.

평소에도 나들이를 갈 때마다 정우랑 다니는 일은 쉽지 않았어요. 조금만 걸어도 다리 아프다, 안아 달라, 배고프다 하면서 떼를 쓰곤 했거든요. 정민이도 힘들 때가 많았지만 정우가 떼를 쓰면 엄마가 힘들어하셔서 정민이는 꾹 참았지요. 그래서 아빠가 정민이에게 부탁의 말씀을 하신 거예요.

걱정이 되긴 했지만 정민이는 자신을 많이 귀여워해 주시는 할아버지와 할머니를 만날 생각에 즐거웠어요. 할아버지 댁에 가면 맛있는 것도 많고, 귀여운 강아지 토리를 만날 수 있거든요. 토리는 정민이가 붙여 준 이름이에요. 아주 작고 귀여운 '도토리'가 생각나서 그렇게 이름을 붙여 주었지요. 토리를 떠올리는 정민이의 얼굴이 금세 환해졌어요.

기차를 타러 가는 일은 생각보다 힘들었어요. 기차역까지 가는 동안 정우의 떼가 장난이 아니었어요. 발이 아프다며 엄마한테 안아 달라고 졸라 대자 엄마는 결국 힘들다는 정우를 업어 주셨어요. 버스를 타고 열 정거장을 갔다가 다시 지하철을 타고 다시 일곱 개의 역을 지나 겨우 기차역에 도착했어요.

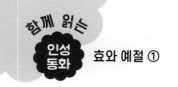

드디어 세 사람이 타고 갈 기차가 승강장에 들어오기 시작했어요.

그때 엄마 등에 업혀 있던 정우가 내려달라고 칭얼댔어요.

엄마 등에서 내린 정우는 달려오는 기차를 보며 손을 흔들고 발을 굴렀어요. 처음 보는 기차가 신기했던 모양이에요. 정민이도 책에서만 봤던 기차를 직접 보게 되니 설렜어요.

기차가 점점 다가오자 정우가 크게 소리쳤어요.

"와, 기차다, 기차! 우와아, 책이랑 똑같네. 엄마, 누나, 저기 봐! 저기!"

정우는 신이 나서 기차를 손가락으로 가리켰지요. 정민이는 왁왁 소리치는 정우가 조금 부끄러웠어요.

기차에 오른 세 사람은 차표에 쓰인 번호를 찾아 앉았어요. 창가 쪽에는 정우가, 그 옆에는 엄마가 앉았어요. 맞은편에는 정민이, 그 옆에는 모자를 쓰고 수염이 긴 할아버지가 앉으셨어요. 정우 옆의 엄마는 일찍 일어나서 여러 가지를 준비하느라 피곤하셨는지 자리에 앉자마자 바로 잠이 드셨어요.

한편, 기차를 처음 탄 정우는 궁금증이 폭발한 모양이에요.

"누나, 이건 뭐야?"

정우는 잠이 든 엄마 대신 누나에게 물었어요.

"몰라. 나도 기차는 처음 타."

정민이는 정우에게 퉁명스럽게 대답했어요. 정우는 누나의 마음이 어떤지 알지도 못하고, 일어났다 앉았다, 창밖을 내다보다가 두리번거리다가를 하면서 신이 났어요. 그러다가 지루했는지 정민이에게 다가왔어요.

"누나, 누나아~. 나랑 놀아줘."

정우는 누나 가방에 넣어 둔 게임기를 꺼내달라고 보채기 시작했어요.

"쉿, 정우야. 조용히 해야지."

정민이는 조용히 정우를 나무랐어요. 그러나 기차 여행에 신이 난 정우는 누나의 말은 들리지도 않나 봐요. 누나 자리에 끼어 앉느라 낑낑댔지요. 그러자 누나 옆자리에서 주무시던 할아버지가 정우의 야단에 눈을 뜨고 헛기침을 하셨어요.

"정우야, 얼른 자리에 앉아."

정민이가 할아버지의 눈치를 보며 정우에게 말했어요. 정우는 그런 누나의 마음은 조금도 모른 채 게임기를 꺼내서 놀다가 곧 내동댕이쳤어요. 그러고는 다시 엄마의 가방에서 스마트폰을 꺼내 노래를 틀었지요. 요즘 정우가 가장 좋아하는 노래였어요.

"따라라라 아기상어

귀여운 따따따

따라라라 엄마상어~."

한껏 흥이 난 정우는 노래를 따라 부르다가 갑자기 벌떡 자리에서 일어나더니 통로에 서서 춤을 추기 시작했어요.

"정우야, 그만!"

정민이는 정우에게 굳은 목소리로 말했어요. 정우는 누나의 말을 못 들은 건지 못 들은 척하는 건지 신나게 노래를 부르며 춤을 췄어요.

이어지는 내용은 72쪽에 >>>

2주차

1회
사회

① 여러 가지 탈것

학습 계획일
월 일

② 우리 음식 김치

월 일

2회
과학/사회

① 하늘에서 내리는 비와 눈

학습 계획일
월 일

② 어린이를 사랑한 사람들

월 일

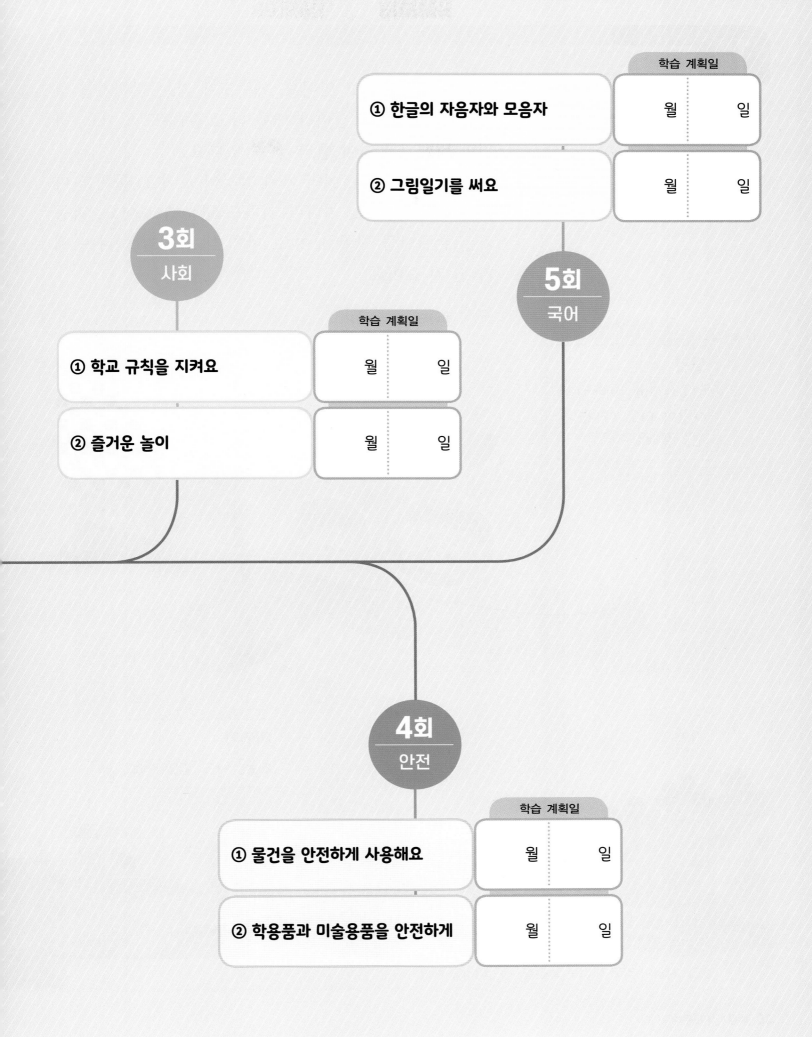

① 한글의 자음자와 모음자

월   일

② 그림일기를 써요

월   일

3회 사회

① 학교 규칙을 지켜요

월   일

② 즐거운 놀이

월   일

5회 국어

4회 안전

① 물건을 안전하게 사용해요

월   일

② 학용품과 미술용품을 안전하게

월   일

여러 가지 탈것

나는 하늘을 날고 있어요. 제주도에 가는 비행기를 탔거든요. 제주도는 섬이라 배를 타고 갈 수도 있어요. 하지만 비행기를 타야 빨리 갈 수 있대요.

창밖을 내다보니, 여러 가지 탈것이 보여요. 물 위를 다니는 커다란 배도, 기다란 기차도 한눈에 보여요. 자동차는 손톱만큼 작아 보여요. 마치 내가 하늘을 나는 새가 된 것 같아요.

탈것
자동차, 배, 비행기 등 사람이 타고 다니는 물건을 말해요.

비행기
하늘을 나는 탈것이에요.

이해 ▶ 사람이 타고 다니는 물건을 □□이라고 해요.

여러 가지 탈것

자전거

사람이 바퀴를 굴려서 가게 하는 탈것이에요.

자동차

석유, 가스, 전기의 힘으로 바퀴를 굴려서 가게 만든 탈것이에요.

기차

철길을 따라 달리는 기다란 탈것이에요.

배

물위를 다니는 탈것이에요.

◉ 탈것에 모두 ○표를 하세요.

자전거	씨름	자동차
구름	비행기	배

◉ 알맞은 내용에 ○표를 하세요.

기차는 하늘을 나는 탈것이다. ☐

배는 물위를 다니는 탈것이다. ☐

◉ 알맞은 말에 ○표를 하세요.

자전거는 사람이 (바퀴 , 날개)를 굴려서 가게 하는 탈것이다.

우리 음식 김치

오늘은 김장하는 날이에요. 김장은 추운 겨울 동안 먹을 김치를 한꺼번에 많이 만드는 것을 말해요. 우리 조상들로부터 내려온 오랜 전통이지요.

김치는 소금에 절인 채소와 고춧가루, 여러 가지 양념으로 만들어요. 김치는 주인공 재료에 따라 배추김치, 총각김치, 깍두기, 오이소박이, 동치미 등 종류가 다양해요. 그리고 지역에 따라 김치의 종류도 여러 가지예요.

김치
소금에 절인 채소에 고춧가루와 여러 가지 양념을 버무려 만든 우리나라 음식이에요.

배추김치
배추를 소금에 절여 고춧가루와 양념을 넣어 만든 김치예요.

깍두기
무를 네모지게 썰어 소금에 절이고, 양념을 넣어 만든 김치예요.

이해 ▶ 소금에 절인 채소에 고춧가루와 양념을 넣어 만든 우리나라 음식을 □□라고 해요.

여러 가지 김치

동치미

무를 통째로 소금물에 담가 만든 김치예요.

오이소박이

오이의 허리를 갈라 속에 여러 양념을 넣은 김치예요.

총각김치

무청이 달린 총각무로 담근 김치예요.

백김치

고춧가루를 쓰지 않거나 적게 써서 허옇게 담근 김치예요.

◉ 알맞은 말에 ○표를 하세요.

추운 겨울 동안 먹기 위해 많은 김치를 담그는 것을 (김장 , 간장)이라고 한다.

◉ 김치에 모두 ○표를 하세요.

배추김치	동치미	피클
깍두기		단무지

◉ 알맞게 선으로 이으세요.

총각김치 •

• 무청이 달린 총각무로 담근 김치.

백김치 •

• 고춧가루를 안 쓰거나 적게 써서 담근 김치.

2회 ①

하늘에서 내리는 비와 눈

수아는 비 오는 날도 좋아하고, 눈 오는 날도 좋아해요. 비가 오는 날에는 우산을 쓰고 밖으로 나가요. 톡톡 빗방울 떨어지는 소리가 정말 좋아요. 장화를 신고 물웅덩이를 찰방거려도 재미있어요.

눈이 오는 날에는 장갑을 끼고, 목도리를 두르고, 밖으로 나가요. 하얀 눈을 맞으며 오빠와 눈사람을 만들거나 눈싸움을 해요. 아무리 추워도 문제없어요.

비
구름에서 떨어지는 물방울이에요. 날이 따뜻할 때 비가 내려요.

눈
구름에서 떨어지는 얼음 알갱이예요. 날이 추울 때 눈이 내려요.

이해 ▶ 날이 따뜻할 때는 □가 내리고, 날이 추울 때는 □이 내려요.

비가 올 때 필요한 물건

우산
머리 위를 가려서 비를 막아 주어요.

장화
비가 올 때 신는 신발로, 물이 새지 않아요.

눈이 올 때 필요한 물건

장갑
손을 보호하거나 추위를 막기 위해 손에 끼는 물건이에요.

목도리
추위를 막기 위해 목에 둘러요.

◉ 비가 올 때 필요한 물건에 모두 ○표를 하세요.

우산	목도리	장갑	장화

◉ 눈에 대한 설명에 ○표를 하세요.

구름에서 떨어지는 물방울이다.

구름에서 떨어지는 얼음 알갱이이다.

◉ 다음 설명에 알맞은 말을 쓰세요.

- 추위를 막기 위해 손에 끼는 물건이다.
- 손을 보호하기 위해 사용하기도 한다.

어린이를 사랑한 사람들

200여 년 전만 해도 어린이들은 힘들게 지냈대요. 고된 일에 시달리거나, 너무 엄한 교육을 받아야 했기 때문이지요. 그런데 마리아 몬테소리는 어린이를 하나의 사람으로 귀하게 여기고 어린이 눈높이에 맞는 교육을 시작했어요. 방정환은 어린아이를 어린이로 높여 부르며 존중했지요. 두 분 모두 어린이를 진정 사랑하고 아꼈답니다.

방정환
어린이를 위한 동화를 쓰고, 잡지도 만드는 등 어린이 운동에 앞장섰어요.

마리아 몬테소리
어린이에게 맞는 교육 도구를 만들어 어린이 스스로 배우고 깨우칠 수 있게 했어요.

이해 ▶ 어린이라는 말을 쓰며, 어린아이를 인간으로 존중하신 분은 □□□이에요.

어린이 교육에 힘쓴 사람들

요한 페스탈로치
고아나 가난한 어린이를 위한 교육에 힘썼어요.

프리드리히 프뢰벨
처음으로 유치원을 만들었어요.

어린이를 위한 어린이날

어린이날은 어린이가 존중받으며 행복하게 자랄 수 있도록 만든 날이에요. 방정환이 만든 어린이 운동 단체, 색동회에서 만들었어요.

◉ 마리아 몬테소리에 대한 설명에 ○표를 하세요.

| 어린이를 함부로 대했다. | ☐ |

| 어린이에게 맞는 교육 도구를 만들었다. | ☐ |

◉ 다음 설명에 알맞은 말을 쓰세요.

- 어린이 운동에 앞장선 사람이다.
- 어린아이를 존중하는 의미를 담은 어린이로 불렀다.

☐ ☐ ☐

◉ 알맞은 말에 ○표를 하세요.

(어린이날 , 어른의 날)은 어린이가 존중받으며 행복하게 자랄 수 있도록 만든 날이다.

학교 규칙을 지켜요

모두가 안전하고 즐겁게 생활하기 위해서는 지켜야 할 것들이 있어요. 이것을 규칙이라 해요. 학교처럼 여럿이 생활하는 곳에서 안전하게 지내려면 규칙을 잘 지켜야 해요. 특히 복도와 계단에서 규칙을 잘 지켜야 하지요. 친구들이 많이 모이는 곳이어서 다치기 쉽거든요. 복도에서는 뛰거나 장난치지 말고, 계단은 뛰지 말고 한 칸씩 천천히 오르내려야 한답니다.

계단을 다닐 때는
한 칸씩 천천히 오르내리고, 계단 손잡이로 미끄럼 타지 않아요.

복도를 다닐 때는
뛰거나 장난치지 않아요.

이해 ▶ 학교의 복도나 계단을 다닐 때는 다치지 않도록 □□을 잘 지켜야 해요.

학교에서 지켜야 할 규칙

운동장에서는

- 맨발로 다니지 않아요.
- 친구에게 모래를 뿌리지 않아요.

화장실에서는

- 물장난을 하지 않아요.
- 변기나 세면대 위에 올라가지 않아요.

실험실에서는

- 선생님 말씀을 잘 따라요.
- 화학 약품을 만지거나, 냄새 맡거나, 맛보지 않아요.

◉ 다음은 학교 어디에서 지켜야 할 규칙인지 쓰세요.

> - 선생님 말씀을 잘 따라야 한다.
> - 화학 약품을 만지거나, 냄새 맡거나, 맛보지 않는다.

◉ 규칙을 바르게 지키는 것에 ○표를 하세요.

복도에서는 신나게 뛰어다닌다.	

계단은 한 칸씩 오르내린다.	

◉ 알맞게 선으로 이으세요.

화장실 •

운동장 •

• 변기나 세면대 위에 올라가지 않는다.

• 친구에게 모래를 뿌리지 않는다.

3회 ②

즐거운 놀이

재민이가 딱지를 한 아름 안고 놀이터에 갔어요. 재민이는 친구들을 향해 소리쳤어요.

"얘들아, 딱지치기하자."

친구들이 재민이 곁으로 모여들었어요. 재민이와 친구들은 신나게 딱지를 쳤어요. 이마에 땀이 송골송골 맺히고 즐거움도 몽글몽글 솟아났지요. 재민이와 친구들은 공기놀이도 하고, 술래잡기와 땅따먹기도 했답니다.

딱지치기
딱지를 쳐서 상대편 딱지가 뒤집히면 이기는 놀이예요.

이해 ▶ 딱지치기는 □□를 쳐서 상대편 딱지를 뒤집는 놀이예요.

여러 가지 놀이

공기놀이

작은 돌을 위로 던지고 집거나 받는 놀이예요.

땅따먹기

돌을 튕겨서 자기 땅을 많이 만들면 이기는 놀이예요.

술래잡기

한 사람이 술래가 되어 다른 사람을 잡는 놀이예요.

꼬리잡기

꼬리를 달고 자신의 꼬리를 지키면서 다른 사람의 꼬리를 빼내면 이기는 놀이예요.

◉ 다음 설명에 알맞은 말을 쓰세요.

• 돌을 튕겨서 하는 놀이이다.
• 자기 땅을 많이 만들면 이긴다.

◉ 알맞은 내용에 ○표를 하세요.

공기놀이는 작은 돌을 멀리 던지는 놀이이다.

딱지치기는 딱지를 쳐서 상대편 딱지를 뒤집으면 이기는 놀이이다.

◉ 알맞은 말에 ○표를 하세요.

(술래잡기 , 꼬리잡기)는 한 사람이 술래가 되어 다른 사람을 잡는 놀이이다.

물건을 안전하게 사용해요

나는 책을 좋아해요. 책에는 재미있는 이야기가 가득 담겨 있거든요. 오늘도 책을 읽으려고 책장을 펼쳤어요. 그런데 날카로운 종이에 손가락을 베었어요. 너무 쓰라리고 아팠어요. 화가 나서 다른 책을 꺼내다가 책 모서리에 발등이 찍혔어요. 책장을 넘길 때도 조심, 책을 꺼낼 때도 조심해야 했는데……. 나는 앞으로 물건을 쓸 때 조심해야겠다고 생각했어요.

책을 볼 때는
- 책장을 넘길 때 손을 베이지 않도록 조심해요.
- 책 모서리에 다치지 않도록 조심해요.

이해 ▶ 물건을 쓸 때는 다치지 않게 □□해야 해요.

물건 안전하게 사용하기

장난감은 던지거나, 밟지 않도록 조심해요.

포크는 날카로운 부분에 찔리지 않게 조심해요.

우산은 뾰족한 부분이 아래로 오게 들어요.

◉ 알맞은 내용에 ◯표를 하세요.

| 장난감은 신나게 던진다. | |

| 포크의 날카로운 부분에 찔리지 않게 조심한다. | |

◉ 다음 설명에 알맞은 말을 쓰세요.

- 글, 그림이 있는 종이를 여러 장 겹쳐 묶은 물건이다.
- 책 모서리에 다치지 않게 조심한다.
- 책장에 손을 베이지 않도록 조심한다.

◉ 알맞은 말에 ◯표를 하세요.

우산은 뾰족한 부분이 (위 , 아래)로 오게 든다.

4회 ②

학용품과 미술용품을 안전하게

동생과 엄마의 생일 카드를 만들었어요. 도화지에 크레파스로 그림을 그리고 예쁘게 색칠했어요. 그리고 연필로 편지도 썼지요. 그런데 동생이 크레파스를 콧구멍에 넣었다 입에 물었다 하며 장난을 쳤어요. 물건을 다 쓰고서 정리도 안 하고, 크레파스가 묻은 손으로 과자도 먹었지요. 동생에게 학용품과 미술용품을 안전하게 사용하는 방법을 알려 주어야겠어요.

크레파스를 쓸 때는
- 코나 입에 집어넣지 않아요.
- 다 쓰면 바로 정리해요.
- 몸에 묻으면 물로 깨끗이 닦아요.

이해 ▸ 크레파스를 ☐나 ☐에 넣으면 안 돼요.

▶ 정답과 해설 26쪽

학용품과 미술용품 안전하게 사용하기

연필

연필심이 바닥을 향하도록 잡고, 연필심에 찔리지 않게 조심해요.

가위

가위를 건네줄 때는 손잡이가 받는 사람을 향하게 해요.

더 알아두기

학용품과 미술용품을 사용하면 바로 정리해요. 굴러다니는 것을 밟으면 크게 다칠 수 있어요.

◉ **알맞은 말에 ○표를 하세요.**

가위를 건네줄 때는 (손수레 , 손잡이)가 받는 사람을 향하게 한다.

◉ **다음 설명에 알맞은 말을 쓰세요.**

- 그림을 그리는 물건이다.
- 코나 입에 넣으면 안 된다.
- 다 쓰면 바로 정리해야 한다.

◉ **알맞은 내용에 ○표를 하세요.**

연필심에 찔리지 않게 조심한다.

학용품과 미술용품을 사용한 뒤 그냥 내버려 둔다.

한글의 자음자와 모음자

한글은 세종대왕이 백성들을 위해 만든 문자예요. 지금 우리가 쓰는 글자가 바로 한글이지요. 한글에는 14개의 자음자와 10개의 모음자가 있어요. 그리고 자음자와 모음자를 합하면 소리 나는 대로 글자를 쓸 수 있어요. 하지만 자음자만 있거나, 모음자만 있으면 글자를 만들 수 없어요. 자음자가 왼쪽이나 위쪽에, 모음자가 오른쪽이나 아래쪽에 있어야 글자가 된답니다.

한글 자음자

ㄱ 기역　ㄴ 니은　ㄷ 디귿　ㄹ 리을　ㅁ 미음

ㅂ 비읍　ㅅ 시옷　ㅇ 이응　ㅈ 지읒　ㅊ 치읓

ㅋ 키읔　ㅌ 티읕　ㅍ 피읖　ㅎ 히읗

이해 ▶ 한글에는 14개의 □□□와 10개의 □□□가 있어요.

한글 모음자

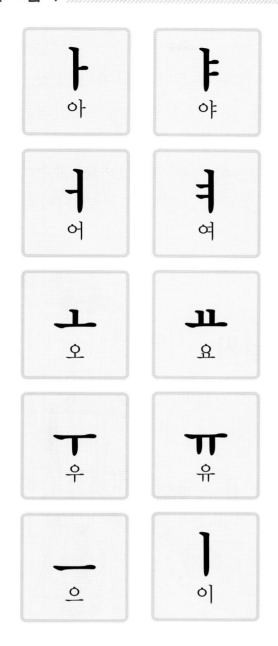

한글 쓰기

한글을 쓸 때에는 위에서 아래로 쓰고, 왼쪽에서 오른쪽으로 써요.

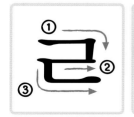 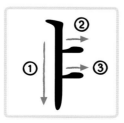

▶ 정답과 해설 27쪽

◉ 다음 설명에 알맞은 말을 쓰세요.

• 세종대왕이 만든 문자이다.
• 지금 우리가 쓰는 글자이다.

☐ ☐

◉ 알맞게 선으로 이으세요.

ㄱ ·	· 기역
ㅇ ·	· 티읕
ㅌ ·	· 이응

◉ 알맞은 내용에 ○표를 하세요.

한글의 모음자는 10개이다. ☐

한글을 쓸 때에는 아래에서 위로 쓴다. ☐

5회 ②

그림일기를 써요

그림일기란 하루 동안 있었던 일을 그림과 글로 나타낸 것이에요.

그림일기를 쓸 때에는 제일 먼저 날짜와 요일, 날씨를 적어요. 그래야 언제 있었던 일인지 알 수 있거든요. 그리고 쓰고 싶은 내용을 그림으로 그리고, 글로 써요. 그림일기에는 어떤 내용이든 쓸 수 있어요. 오늘 있었던 일 중 기억에 가장 많이 남았던 일을 쓰면 된답니다.

20**년 4월 15일 화요일 날씨 봄비가 촉촉하게 내림

놀	이	터	에	서		노	는	데		비
가		왔	다	.	비	를		맞	으	면서
계	속		놀	았	다	.	감	기	에	걸
려	서		엄	마	에	게		혼	났	다.

이해 ▶ 하루 동안 있었던 일을 그림과 글로 나타낸 것이 □□□□예요.

그림일기를 쓰는 방법

> **기억에 남는 일을 골라요.**

오늘 하루 겪었던 일 중 기억에 남는 일을 골라요.

> **날짜, 요일, 날씨를 써요.**

맨 위에 정확한 날짜와 요일, 날씨를 써요.

> **중요한 장면을 그림으로 그려요.**

오늘 있었던 일 중에서 그림일기로 쓰려고 하는 장면을 그림으로 그려요.

> **내용을 글로 써요.**

오늘 있었던 일 중에서 중요한 내용과 그 일에 대한 자신의 생각이나 느낌을 글로 써요.

그림일기를 쓰면 좋은 점

중요한 일을 오래 기억할 수 있고, 그때의 생각이나 느낌을 다시 떠올릴 수 있어요.

맞아!
공작새가 정말
예뻤어.

◉ 알맞은 말에 ○표를 하세요.

> 하루 동안 있었던 일 중에서 가장 기억에 남는 일을 그림과 글로 나타낸 것을 (그림일기 , 동시)라고 한다.

◉ 그림일기에 들어갈 내용에 모두 ○표를 하세요.

> 날씨　　시간　　사진
>
> 날짜　　쓰는 장소

◉ 그림일기를 쓰면 좋은 점에 ○표를 하세요.

> 중요한 일을 오래 기억할 수 있다. 　□

> 있었던 일을 재미있게 꾸며 이야기할 수 있다. 　□

1 다음의 탈것은 무엇인가요? (   ) » 사회

① 배
② 기차
③ 비행기
④ 자동차

2 알맞은 말에 ○표를 하세요. » 사회

(김치 , 화채)는 소금에 절인 채소에 고춧가루와 여러 가지 양념을 버무려 만든 우리 음식이다.

3 알맞게 선으로 이으세요. » 사회

·

· 오이소박이

·

· 동치미

▶ 정답과 해설 **29**쪽

4 다음 설명에 알맞은 것은? (   ) »------------------------------- 과학

> • 하늘에서 내린다.
> • 날이 추울 때 내린다.
> • 구름에서 떨어지는 얼음 알갱이이다.

① 눈   ② 비   ③ 우박   ④ 고드름

5 다음 그림에 대한 설명으로 알맞은 것은? (   ) »------------------------------- 과학

① 목에 두른다.
② 손을 보호해 준다.
③ 비가 올 때 필요하다.
④ 몸을 따뜻하게 해 준다.

6 어린아이를 존중하는 의미를 담아 어린이로 부른 사람은 누구인가요? (   ) »------------------ 사회

① 한석봉   ② 방정환   ③ 강감찬   ④ 이순신

7 **학교에서 지켜야 할 규칙에 모두 ○표를 하세요.** ≫ ⸱⸱⸱⸱⸱⸱⸱⸱⸱⸱⸱⸱⸱⸱⸱⸱⸱⸱⸱⸱⸱⸱⸱⸱⸱⸱⸱⸱⸱⸱⸱⸱⸱⸱⸱⸱ 사회

　(1) 화장실에서 물장난하지 않는다. 　　　　　　　　　　　(　　)

　(2) 복도에서는 뛰거나 장난치지 않는다. 　　　　　　　　　(　　)

　(3) 운동장에서 친구와 모래를 뿌리며 장난친다. 　　　　　(　　)

8 **다음 설명에 알맞은 놀이는?** (　　　　) ≫ ⸱⸱⸱⸱⸱⸱⸱⸱⸱⸱⸱⸱⸱⸱⸱⸱⸱⸱⸱⸱⸱⸱⸱⸱⸱⸱⸱⸱⸱⸱⸱⸱⸱⸱⸱⸱⸱ 사회

　작은 돌을 위로 던지고 집거나
　받는 놀이이다.

　① 꼬리잡기　　　② 술래잡기　　　③ 공기놀이　　　④ 딱지치기

9 **알맞은 말에 ○표를 하세요.** ≫ ⸱⸱ 안전

　(마이크 , 포크)는 날카로운 부분에 찔리지 않게 조심한다.

▶ 정답과 해설 **30**쪽

10 학용품과 미술용품을 사용하는 방법으로 바르지 <u>않은</u> 것은? (　　　) » ⎯⎯⎯⎯ 안전

① 연필심에 찔리지 않도록 조심한다.

② 크레파스는 코나 입에 집어넣지 않는다.

③ 학용품과 미술용품을 사용하면 바로 정리한다.

④ 가위를 건네줄 때는 가윗날이 받는 사람을 향하게 한다.

11 알맞게 선으로 이으세요. » ⎯⎯⎯⎯ 국어

ㅑ	·	·	니은
ㄴ	·	·	키읔
ㅋ	·	·	야

12 다음 설명에 알맞은 것은? (　　　) » ⎯⎯⎯⎯ 국어

> • 세종대왕이 만든 문자이다.
> • 우리나라의 고유 글자이다.
> • 자음자와 모음자를 합하면 소리 나는 대로 쓸 수 있다.

① 한자　　　　　② 한글　　　　　③ 알파벳　　　　　④ 히라가나

사회 여러 가지 탈것

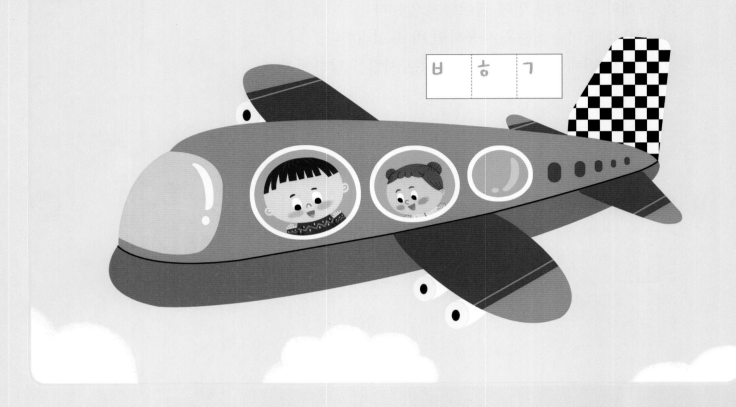

ㅂ ㅎ ㄱ

사회 우리 음식 김치

ㄱ ㅊ

과학 하늘에서 내리는 비와 눈

ㅂ

ㄴ

사회 학교 규칙을 지켜요

ㄱ ㄷ

ㅂ ㄷ

사회 즐거운 놀이

ㄸ ㅈ ㅊ ㄱ

안전 물건을 안전하게 사용해요

ㅊ

안전 학용품과 미술용품을 안전하게

국어 한글의 자음자와 모음자

예끼, 요 녀석!

그때였어요.

"예끼, 요 녀석! 누가 기차 안에서 떠들라고 하더냐?"

이크, 정민이 옆자리 할아버지였어요. 깜짝 놀란 정민이와는 달리 정우는 씩 웃더니 할아버지에게 다가가는 게 아니겠어요? 정민이는 기가 막혀 아무 말도 할 수 없었어요. 정우는 할아버지를 안더니 할아버지의 흰 수염을 만지 작거렸어요.

"할부지, 왜 화내? 왜 화났어?"

"요 녀석, 네가 떠드니까 그렇지. 그리고 할아버지한테 그게 무슨 말버릇이 냐? 할아버지 수염을 잡아당기는 이 못된 행동은 또 뭐냐?"

할아버지가 호통을 치셨어요. 그런 할아버지를 바라보며 정우는 마구 웃었 어요.

"할부지, 화내지 말고 나랑 같이 노래하자요~. 자꾸 그렇게 화내면 얼굴이 미워져."

정우의 엉뚱한 말에 할아버지는 쯧쯧 혀를 차셨어요.

"에고, 요 녀석을 어쩌면 좋을꼬. 예절이라고는 통 없구나."

화를 내시던 할아버지의 큰 목소리가 작아졌어요. 고개를 절레절레 흔들던 할아버지가 에헴 헛기침을 한 번 하셨어요.

"자, 너는 이름이 뭐냐?"

할아버지가 정우의 이름을 물으셨어요.

"난 한정우. 할아버지 이름은 뭐야?"

"쯧쯧! '저는 한정우예요.'라고 해야지. 자 따라 해 봐라."

갑자기 기차 안에서 예절 교육이 시작됐어요. 기차 안의 사람들이 정민이와 정우를 바라보는 게 느껴졌어요. 정민이는 부끄러워서 얼굴이 빨개졌어요.

"저는 한정우예요. 저, 잘했죠?"

정우는 할아버지 말씀대로 잘 따라 했어요. 그러고는 칭찬해 달라는 말투로 말했어요.

"그으래, 잘했다~. 자, 그 다음은 '할아버지 성함은 뭐예요?'라고 여쭙는 거야. 어른한테는 이름이라고 안 하고 성함이라고 한단다."

"응? 성한? 할아버지 성한?"

"아니아니, '성함'이라고. 성함! 자, 다시 해 보거라."

"성한. 아니아니, 성함! 할부지, 저 잘했죠? 어서 칭찬해 주세요."

정우는 할아버지 손을 잡아끌어 자기 머리를 쓰다듬게 했어요.

정민이는 그 옆에서 어쩔 줄 몰랐어요. 힐끗 엄마를 쳐다보았지만, 엄마는 깊이 잠들어 있었어요. 정민이는 부끄럼을 하나도 모르는 동생이 왠지 부끄럽게 느껴졌어요. 기차가 빨리 달려서 얼른 할아버지 댁에 도착했으면 좋겠다는 생각만 들었지요. 그래야 얼른 기차에서 내리니까요.

할아버지는 빤히 자기를 올려다보는 정우의 모습을 보고 너털웃음을 터뜨렸어요.

"하하하, 정말 깜찍한 녀석일세. 그래, 네가 무슨 잘못이 있겠니? 그래그래, 잘했다."

할아버지 말씀이 끝나자마자 정우는 정민이의 가방을 막 뒤지더니 과자를 꺼냈어요. 정우가 요즘 가장 좋아하는 과자였지요.

'어, 정우가 저걸 왜 꺼내지?'

정민이는 속으로 걱정했어요. 또 무슨 엉뚱한 행동을 할까 봐 두려워진 거죠. 그런데 정우가 과자 봉지를 그대로 할아버지에게 내미는 게 아니겠어요?

"할부지, 같이 먹을래? 이거 정말 맛있어. 내가 젤 좋아하는 건데, 할부지랑 같이 먹을래."

정민이는 입이 딱 벌어졌어요. 누나인 자기에게도 잘 안 주는 과자를 처음 보는 할아버지한테 같이 먹자고 하다니! 정민이는 정우가 얄미웠어요.

"에헴, 할아버지한테는 '같이 먹을래?'라고 말하는 게 아니지."

"그럼 뭐라고 해요?"

"아까 한정우라고 했지? 정우는 올해 몇 살이지?"

"네~살! 할부지는?"

정우는 늘 하던 대로 손가락 네 개를 펴며 말했어요.

"할아버지는 올해 여든이란다."

"여든? 여든이 뭐야? 몇 살이야? 누나는 알아?"

처음 들어보는 새 낱말에 호기심이 생긴 정우는 아까부터 굳어 있는 정민이에게 물었어요. 정민이도 여든은 아직 몰랐기에 고개만 저었답니다.

"팔십을 여든이라고 한단다. 할아버지는 팔십 살이야."

"팔십? 우아, 많이 늙었다."

손가락으로 팔십을 세려다가 결국 포기한 정우가 말했어요. 정우의 말에 할아버지가 고개를 절레절레 흔드셨어요.

"그런 말은 하는 게 아니야."

"왜?"

정우는 할아버지가 하신 말씀이 무슨 뜻인지 몰라서 눈을 동그랗게 뜨고 빤히 할아버지만 바라봤어요.

이어지는 내용은 106쪽에 >>>

1회
과학

학습 계획일

① 소중한 나의 몸

월 일

② 봄, 여름, 가을, 겨울

월 일

3
주차

2회
사회

학습 계획일

① 건강하게 지내요

월 일

② 이웃과 사이좋게 지내요

월 일

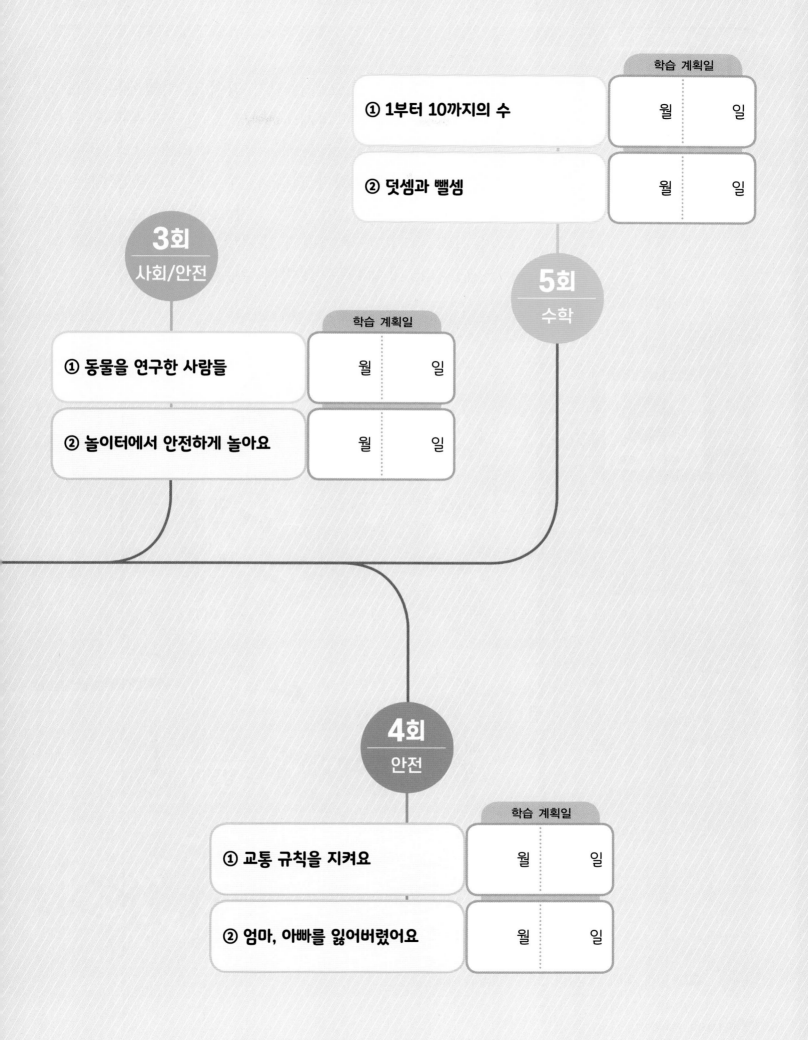

① 1부터 10까지의 수

학습 계획일

월 　 일

② 덧셈과 뺄셈

월 　 일

3회
사회/안전

5회
수학

① 동물을 연구한 사람들

학습 계획일

월 　 일

② 놀이터에서 안전하게 놀아요

월 　 일

4회
안전

① 교통 규칙을 지켜요

학습 계획일

월 　 일

② 엄마, 아빠를 잃어버렸어요

월 　 일

1회 ①

소중한 나의 몸

내 얼굴에는 눈, 코, 입, 귀가 있어요. 머리에는 가느다란 머리카락이 빽빽하게 나 있고요. 얼굴과 몸통은 목으로 이어져 있어요. 몸통에는 팔과 다리가 달려 있는데, 팔과 다리는 구부렸다 폈다 할 수 있어요. 팔 끝에는 손이, 다리 끝에는 발이 달려 있지요. 손과 발은 까딱까딱 움직일 수 있고, 손가락과 발가락은 접었다 폈다 할 수 있답니다. 내 몸에는 또 어떤 부분이 있을까요?

이해▶ 머리, 어깨, 팔, 다리 등을 □이라고 해요.

▶ 정답과 해설 35쪽

몸의 각 부분이 하는 일

눈

볼 수 있어요.

코

냄새를 맡고, 숨을 쉴 수 있어요.

귀

여러 가지 소리를 들을 수 있어요.

입

말하고, 먹고, 숨을 쉴 수 있어요.

발과 다리

움직일 수 있고, 몸을 지탱해 주어요.

손과 팔

물건을 잡고, 나를 수 있게 해 주어요.

◉ 얼굴에 있는 것에 모두 ○표를 하세요.

손	다리	코
귀	어깨	눈	입

◉ 알맞게 선으로 이으세요.

숨을 쉴 수 있다. ·

음식을 먹을 수 있다. ·

소리를 들을 수 있다. ·

· 귀

· 입

◉ 다음 설명에 알맞은 말을 쓰세요.

- 몸의 한 부분이다.
- 이곳으로 숨을 쉴 수 있다.
- 이곳으로 냄새를 맡을 수 있다.

1회 ②

봄, 여름, 가을, 겨울

우리나라에는 봄, 여름, 가을, 겨울의 사계절이 있어요. 봄이 되면 날이 점점 따뜻해져요. 앙상했던 나뭇가지에는 새싹이 돋고 꽃이 피어요. 여름에는 날씨가 무척 더워요. 나뭇잎은 점점 푸르러지고 울창해져요. 가을이 되면 날이 서늘해져요. 나뭇잎은 알록달록 곱게 단풍이 들어요. 겨울에는 춥고 눈이 내려요. 나뭇잎은 떨어지고 나뭇가지는 앙상해져요.

봄
따뜻해요. 하지만 갑자기 추워지기도 해요.

여름
덥고 습하며, 비가 많이 내려요.

가을
맑고 시원해요. 높고 푸른 하늘을 볼 수 있어요.

겨울
찬 바람이 불고 추워요. 눈도 내려요.

이해 ▶ 우리나라에는 □, □□, □□, □□의 계절이 있어요.

봄, 여름, 가을, 겨울의 모습

봄
파릇파릇 새싹
이 돋아요.

여름
물놀이로 더위
를 식혀요.

가을
잘 익은 곡식과
열매를 거두어들
여요.

겨울
눈으로 눈사람
을 만들어요.

◉ **알맞게 선으로 이으세요.**

봄	·	·	단풍
여름	·	·	새싹
가을	·	·	눈사람
겨울	·	·	물놀이

◉ **다음 설명에 알맞은 말을 쓰세요.**

- 서늘해지는 계절이다.
- 이 계절이 되면 잘 익은 곡식과 열매를
  거두어들인다.

◉ **알맞은 말에 ◯표를 하세요.**

여름에는 (비 , 안개)가 많이 내린다.

2회 ①

건강하게 지내요

밖에 나갔다 집으로 돌아오면 제일 먼저 무엇을 해야 할까요? 바로 비누로 손을 씻는 거예요. 그래야 눈에 보이지 않는 세균까지 씻을 수 있거든요. 손 씻기는 건강을 지키는 좋은 습관이에요. 또 건강을 위해 골고루 잘 먹어야 해요. 그래야 우리 몸에서 필요로 하는 영양분을 얻을 수 있답니다.

건강을 지키기 위한 방법에는 또 무엇이 있을까요?

손 씻기
밖에 나갔다 왔을 때, 음식을 먹기 전, 지저분한 물건을 만졌을 때 손을 씻어요.

이해 ▶ □□을 지키려면 손을 잘 씻고, 음식을 골고루 먹어야 해요.

건강을 지키기 위한 방법

몸 씻기
아침저녁으로 세수를 하고, 샤워도 자주 해요.

이 닦기
하루 세 번 이를 깨끗이 닦아요.

좋은 식습관 갖기
채소와 과일은 많이 먹고, 과자, 라면 등 즉석식품은 적게 먹어요.

운동하기
튼튼한 몸을 만들기 위해 운동을 해요.

◉ 건강을 지키는 방법에 모두 ○표를 하세요.

몸 잘 씻기	늦잠 자기
누워 있기	이 잘 닦기

◉ 밖에 나갔다 집으로 돌아오면 가장 먼저 해야 할 일에 ○표를 하세요.

텔레비전을 켠다.	
비누로 손을 씻는다.	

◉ 알맞은 말에 ○표를 하세요.

음식은 (골고루 , 먹고 싶은 것만) 먹어야 건강해 진다.

이웃과 사이좋게 지내요

우리나라에는 하나의 건물 안에 여러 집이 모여 있는 아파트가 많아요. 우리 집 바로 가까이에 이웃이 사는 것이지요. 그래서 우리 집에서 시끄러운 소리가 나면 이웃에게 고스란히 전해져요. 실제로 이런 문제로 이웃끼리 싸움을 벌이기도 해요. 하지만 서로 조심하고 이웃끼리 친하게 지내면, 이웃 간의 다툼을 줄일 수 있답니다. 오늘부터 이웃과 사이좋게 지내기 위해 노력해 보아요.

이웃
서로 가까이 사는 사람이나 집이에요.

서로 나누기
맛있는 음식, 쓰지 않는 물건, 각자가 가진 재능 등을 서로 나누며 살아요.

서로 인사하기
만나면 인사하고, 안부를 물어요.

102

이해 ▶ □□과 사이좋게 지내기 위해 노력해야 해요.

▶ 정답과 해설 **38**쪽

이웃과 사이좋게 지내는 방법 ////////////////////////

층간 소음에 주의해요.

쿵쿵거리거나 뛰지 말고, 조용히 생활해요.

미리 말해요.

이웃에게 폐를 끼쳐야 할 때는 미리 이유를 말하고 허락을 받아요.

서로 도와요.

이웃에 어려운 일이 생기면 서로 도와요.

◉ 다음 설명에 알맞은 말을 쓰세요.

> • 서로 가까이 사는 사람이나 집을 말한다.
> • 서로 사이좋게 지내기 위해 노력해야 한다.

◉ 알맞은 내용에 ○표를 하세요.

> 이웃과 만나면 서로 반갑게 인사한다.

> 이웃에 어려움이 생기면 모른 척한다.

◉ 알맞은 말에 ○표를 하세요.

> 이웃과 맛있는 (음식 , 쓰레기) 등을 나누며 산다.

동물을 연구한 사람들

얼마 전까지만 해도 사람들은 가죽이나 뿔을 얻기 위해 동물을 마구 사냥하거나, 동물이 사는 곳을 함부로 개발했어요. 동물을 함께 살아야 할 친구로 여기지 않았기 때문이에요. 그런데 동물을 연구한 사람들에 의해 이런 생각들이 조금씩 바뀌기 시작했어요. 나아가 자연을 아끼고 보호하자는 마음도 갖게 되었답니다. 우리 함께 동물을 연구한 사람들에 대해 알아보아요.

장 앙리 파브르
관찰을 통해 곤충의 생태를 밝혀냈어요. '곤충기'라는 책을 썼어요.

이해 ▶ 관찰을 통해 곤충의 생태를 밝혀낸 학자는 □ □□□ □□□예요.

동물을 연구한 사람들

어니스트 톰슨 시턴

자연 속에서 동물을 관찰하여 '동물기'를 쓰고, 직접 그림도 그렸어요.

석주명

75만 마리의 우리 나비를 채집·연구하여, 일본 학자들이 잘못 연구한 것을 바로잡았어요.

제인 구달

탄자니아에서 40여 년간 침팬지를 연구했어요. 요즘에는 환경 운동을 하고 있어요.

'동물기'와 '곤충기'

'동물기'는 어니스트 톰슨 시턴이 발표한 30여 편에 달하는 동물 이야기이고, '곤충기'는 장 앙리 파브르가 지은 10권에 달하는 곤충 관찰 기록입니다.

◉ 동물을 연구한 사람에 모두 ○표를 하세요.

단군	장 앙리 파브르	석주명
어니스트 톰슨 시턴	신사임당	

◉ 다음 설명에 알맞은 말을 쓰세요.

- 탄자니아에서 침팬지를 연구한 사람이다.
- 환경 운동을 하고 있다.

☐ ☐ ☐ ☐

◉ 알맞게 선으로 이으세요.

장 앙리 파브르 ・　・ 곤충기

어니스트 톰슨 시턴 ・　・ 동물기

3회 ②

놀이터에서 안전하게 놀아요

놀이터는 언제나 친구들로 북적북적해요. 재미있는 놀이 기구들이 가득하거든요. 엉덩이를 콩콩 찧으며 타는 시소도 있고, 주르륵 미끄러지는 미끄럼틀도 있고, 포슬포슬한 모래를 만질 수 있는 모래 놀이장도 있어요. 나는 그중에서 그네가 제일 좋아요. 힘차게 발을 구르면 하늘을 나는 것 같거든요. 그런데 놀이터에서 재미있게 놀려면 몇 가지를 조심해야 한대요.

그네를 탈 때는
• 두 손으로 줄을 꼭 잡아요.
• 친구가 그네를 타면 가까이 가지 않아요.

이해 ▶ 그네를 탈 때는 두 손으로 ☐을 꼭 잡아야 해요.

▶ 정답과 해설 **40**쪽

놀이 기구 안전하게 이용하기

미끄럼틀
미끄럼판으로 올라가지 않아요.

시소
서서 타거나, 손잡이를 놓고 타지 않아요.

모래 놀이장
모래를 만진 후에는 손을 씻어요.

그물 놀이
줄을 꼭 잡고 천천히 움직여요.

◉ 놀이터의 놀이 기구에 모두 ○표를 하세요.

미끄럼틀	가스레인지	그물 놀이
그네	시소	손수레

◉ 알맞게 선으로 이으세요.

미끄럼틀	•	•	줄을 잡고 천천히 움직이기.
그물 놀이	•	•	미끄럼판으로 올라가지 않기.

◉ 알맞은 내용에 ○표를 하세요.

친구가 그네를 타면 가까이 다가간다. ☐

모래 놀이장에서 모래를 만진 후에는 손을 씻는다. ☐

교통 규칙을 지켜요

교통사고를 막기 위해 지켜야 할 약속을 교통 규칙이라고 해요. 교통 규칙을 잘 지키면 안전하게 생활할 수 있어요. 어린이는 키가 작아서 운전하는 어른들 눈에 잘 뜨이지 않기 때문에 특히 더 조심해야 해요.

횡단보도를 건널 때는 차가 멈춘 것을 확인하고, 스마트폰을 보면서 건너거나, 앞만 보며 뛰지 말아야 해요.

또 어떤 규칙을 지켜야 하는지 함께 알아보기로 해요.

횡단보도를 건널 때는

• 횡단보도 앞에서 멈춰요.
• 왼쪽, 오른쪽 찻길을 번갈아 살펴요.
• 차가 멈추었는지 확인해요.
• 손을 들고 길을 건너요.

이해 ▶ 횡단보도를 안전하게 건너는 것도 □□ □□을 지키는 것이에요.

▶ 정답과 해설 41쪽

꼭 지켜야 할 교통 규칙

횡단보도에서만 길을 건너요.

차를 타면 안전띠를 매요.

공이 찻길로 굴러갔을 때 가지러 가지 않아요.

차 근처에서는 절대 놀지 않아요.

◉ **알맞은 내용에 ○표를 하세요.**

횡단보도에서만 길을 건넌다.	
공이 찻길로 굴러가면 가지러 간다.	

◉ **알맞은 말에 ○표를 하세요.**

차를 타면 (허리띠 , 안전띠)를 꼭 맨다.

◉ **다음을 무엇이라고 하는지 쓰세요.**

4회 ②

엄마, 아빠를 잃어버렸어요

사람이 많거나 길이 복잡한 곳에서는 잠시 다른 데를 보거나 딴생각을 하면 부모님을 잃어버리기 쉬워요. 엄마, 아빠와 함께 움직여야 안전하지요.

하지만 갑자기 문제가 생겨 엄마, 아빠를 잃어버린다면 어떻게 해야 할까요? '멈춰요-생각해요-도움을 요청해요'라는 3가지 순서를 지키면 엄마, 아빠를 다시 만날 수 있답니다.

1 멈춰요
제자리에 서서 부모님을 기다려요.

2 생각해요
내 이름과 부모님 전화번호를 생각해요.

3 도움을 요청해요
아이가 있는 어른이나 경찰에게 "도와주세요."라고 말해요.

이해 길을 가다 부모님이 보이지 않을 때는 우선 □□□!

▶ 정답과 해설 **42쪽**

엄마, 아빠를 잃어버리지 않는 방법 ////////////

모르는 사람은 절대로 따라가지 않아요.

가까운 곳에 공중전화가 있으면 112로 신고하고, 미아보호소가 있다면 가서 도움을 청해요.

평소에 내 이름과 나이, 엄마, 아빠의 이름과 전화번호, 우리 집 주소 등을 외워 두어요. 또 멀리 나갈 땐 이런 내용이 새겨진 목걸이나 팔찌를 차요.

◉ 엄마, 아빠를 잃어버렸을 때 해야 할 순서대로 번호를 쓰세요.

생각해요.	
멈춰요.	
도움을 요청해요.	

◉ 알맞은 내용에 ○표를 하세요.

제자리에 서서 부모님을 기다린다.	
모르는 사람이라도 친절하면 따라간다.	

◉ 알맞은 말에 ○표를 하세요.

평소 엄마, 아빠의 (전화번호 , 우편 번호)를 외워 둔다.

5회 ①

1부터 10까지의 수

오늘은 민아의 생일이에요. 케이크에 초가 '하나, 둘, 셋, 넷, 다섯, 여섯, 일곱' 개가 꽂혀 있어요. 마지막에 센 수 '일곱'이 민아의 나이예요. 수로 쓰면 '7', 세는 말까지 붙이면 '7살', 민아는 '일곱 살'이에요.

이처럼 1부터 10까지의 수를 셀 때는, '하나, 둘, 셋, 넷, 다섯, 여섯, 일곱, 여덟, 아홉, 열' 또는 '일, 이, 삼, 사, 오, 육, 칠, 팔, 구, 십'과 같이 나타낼 수 있어요.

7
칠 일곱

이해 ▶ 1, 2, 3, 4, 5 따위를 ▢라고 해요.

수와 수의 순서

수	수 읽기		수의 순서
1	일	하나	첫째
2	이	둘	둘째
3	삼	셋	셋째
4	사	넷	넷째
5	오	다섯	다섯째
6	육	여섯	여섯째
7	칠	일곱	일곱째
8	팔	여덟	여덟째
9	구	아홉	아홉째
10	십	열	열째

 왼쪽 또는 오른쪽에서부터, 위 또는 아래에서부터 기준을 정하여 수의 순서를 나타낼 수 있어요.

수의 크기 비교하기

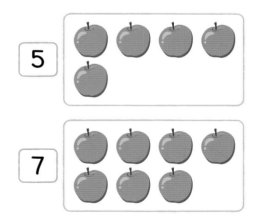

5는 7보다 작고, 7은 5보다 커요.

 수를 작은 수부터 차례대로 썼을 때 뒤의 수가 큰 수이고, 앞의 수가 작은 수예요.

◉ 사탕을 세어 보고 알맞은 수에 ○표를 하세요.

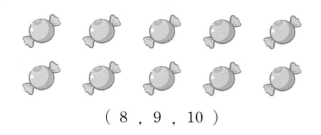

(8 , 9 , 10)

◉ 알맞게 선으로 이으세요.

◉ 왼쪽 둘째에 있는 공에 ○표를 하세요.

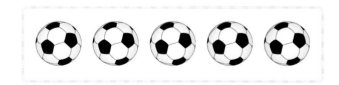

덧셈과 뺄셈

동물원에 왔어요. 호랑이 우리에는 호랑이가 2마리, 코끼리 우리에는 코끼리가 5마리 있어요.

나는 호랑이와 코끼리가 모두 몇 마리인지 알고 싶어요. 이 둘을 합하면 어떻게 될까요? 덧셈을 해야겠어요.

코끼리가 호랑이보다 얼마나 더 많은지도 알고 싶어요. 이 둘을 빼면 어떻게 될까요? 뺄셈을 해야겠어요.

우리 함께 식을 세워서 덧셈과 뺄셈을 해 보아요.

덧셈
두 수를 합하여 계산하는 것을 말해요.

덧셈식 더하라는 기호
2+5=7
같다는 기호

뺄셈
어떤 수에서 다른 수를 빼는 것을 말해요.

뺄셈식 빼라는 기호
5−2=3
같다는 기호

이해 ▶ 두 수를 합하여 계산하는 것을 □□, 어떤 수에서 다른 수를 빼는 것을 □□이라고 해요.

덧셈은 언제 필요할까요?

모두 몇 개인지 알아볼 때는 덧셈을 해야 해요. 덧셈식은 두 수를 더해서 생긴 결과까지 나타낸 식이에요.

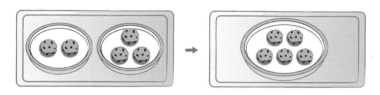

덧셈식 ┃ **2 + 3 = 5**

읽기 ┃ 2 더하기 3은 5와 같습니다.
2와 3의 합은 5입니다.

뺄셈은 언제 필요할까요?

몇 개 남았는지, 누가 몇 개 더 가졌는지를 알아볼 때는 뺄셈을 해야 해요. 뺄셈식은 두 수를 빼서 생긴 결과까지 나타낸 식이에요.

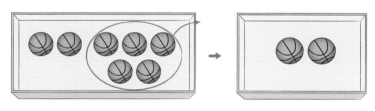

뺄셈식 ┃ **7 − 5 = 2**

읽기 ┃ 7 빼기 5는 2와 같습니다.
7과 5의 차는 2입니다.

세로셈으로 계산할 수도 있어요

숫자가 커지면 세로셈으로 좀 더 쉽게 계산할 수 있어요. 세로셈으로 계산할 때에는 자릿값을 잘 맞추어 쓰고 일의 자리부터 계산하면 돼요.

$$8+3=11 \quad \rightarrow \quad \begin{array}{r} 8 \\ +\ 3 \\ \hline 1\ 1 \end{array}$$

$$13-2=11 \quad \rightarrow \quad \begin{array}{r} 1\ 3 \\ -\ 2 \\ \hline 1\ 1 \end{array}$$

◉ 사과는 모두 몇 개인지 알아보려고 해요. 알맞은 계산에 ○표를 하세요.

(4+3 , 4−3)

◉ 알맞은 말에 ○표를 하세요.

덧셈식 ┃ 4+2=6

읽기 ┃ 4 (더하기 , 빼기) 2는 6과 같습니다.

◉ 알맞은 내용에 ○표를 하세요.

1과 2의 합은 3과 같습니다.	
2와 1의 차는 3과 같습니다.	

1 알맞은 말에 ○표를 하세요. 》 ⎯⎯⎯⎯⎯⎯⎯⎯⎯⎯⎯⎯⎯⎯⎯⎯⎯⎯⎯⎯⎯⎯⎯ 과학

> 냄새를 맡고, 숨을 쉬는 곳은 (입 , 코)이다.

2 알맞게 선으로 이으세요. 》 ⎯⎯⎯⎯⎯⎯⎯⎯⎯⎯⎯⎯⎯⎯⎯⎯⎯⎯⎯⎯⎯ 과학

 ·

· 귀

 ·

· 눈

3 다음 그림에 알맞은 계절은? (   ) 》 ⎯⎯⎯⎯⎯⎯⎯⎯⎯⎯⎯⎯ 과학

① 봄   ② 여름   ③ 가을   ④ 겨울

▶ 정답과 해설 **45**쪽

4 건강을 지키기 위한 방법이 <u>아닌</u> 것은? ( ) 》 ------------------------------------ 사회

① 손 씻기　　　② 이 닦기　　　③ 먹고 싶은 것만 먹기　　　④ 운동하기

5 이웃과 사이좋게 지내는 방법에 모두 ○표를 하세요. 》 ------------------------------------ 사회

(1) 이웃과 만나면 반갑게 인사한다.　　　　　　　　　　　　　(　)

(2) 이웃과는 아무것도 나누지 않는다.　　　　　　　　　　　　(　)

(3) 이웃에 어려운 일이 생기면 서로 돕는다.　　　　　　　　　(　)

6 다음은 누구에 대한 설명인가요? ( ) 》 ---------------------- 사회

> • 곤충을 연구했다.
> • 관찰을 통해 곤충의 생태를 밝혔다.
> • '곤충기'라는 책을 썼다.

① 이황　　　　② 석주명　　　　③ 김만덕　　　　④ 장 앙리 파브르

7 알맞은 말에 ○표를 하세요. 》 -- 안전

미끄럼틀을 탈 때는 (미끄럼판 , 계단)으로 올라가지 않는다.

8 다음 중 교통 규칙을 바르게 지킨 것은? (   ) 》 ----------------------- 안전

① 차 근처에서 논다.
② 횡단보도를 건널 때 스마트폰을 본다.
③ 횡단보도를 건널 때 앞만 보며 뛰어간다.
④ 공이 찻길로 굴러가면 가지러 가지 않는다.

9 차를 탈 때는 무엇을 매야 하나요? (   ) 》 ---------------------- 안전

① 찻길
② 허리띠
③ 안전띠
④ 횡단보도

▶ 정답과 해설 **46**쪽

10 길을 가다 엄마, 아빠가 보이지 않으면 어떻게 해야 하는지 ○표를 하세요. » ······· 안전

(1) 울면서 뛰어다닌다. ( )

(2) 제자리에 서서 엄마, 아빠를 기다린다. ( )

11 알맞게 선으로 이으세요. » ·········· 수학

 · · 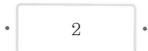2 · · 다섯

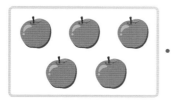 · · 1 · · 둘

 · · 5 · · 하나

12 다음 설명에 알맞은 것은? ( ) » ·········· 수학

> • 두 수를 합하여 계산하는 것이다.
> • '+'는 더한다는 뜻으로 '더하기'라고 읽는다.

① 덧셈 ② 뺄셈 ③ 세로셈 ④ 가로셈

과학 소중한 나의 몸

과학 봄, 여름, 가을, 겨울

▶ 정답과 해설 **47**쪽

사회 건강하게 지내요

사회 이웃과 사이좋게 지내요

안전　놀이터에서 안전하게 놀아요

ㄱ ㄴ

안전　교통 규칙을 지켜요

ㅎ ㄷ ㅂ ㄷ

호통 할아버지의 가르침

"'왜요?' 하고 말해야지. 정우야, 아무리 할아버지라도 늙었다는 말을 들으면 기분이 나쁘단다. 그래서 그런 말은 하지 않는 것이 예의란다."

"할부지, 그 예, 예의는 뭐야? 아니, 뭐예요?"

정우가 할아버지의 가르침대로 높임말을 쓰기 시작했어요. 할아버지는 그런 정우가 기특했는지 부드럽게 말씀하셨어요.

"에헴, 예의란 말이다. 사람으로서 지켜야 할 도리란다. 정우도 선생님이나 할아버지를 만나면 고개를 숙여 인사를 드리지?"

"네! 정우 인사 잘해요."

"그래. 그런 게 바로 예의란다. 그리고 할아버지 같이 나이 많은 어른들에게는 '뭐야?' 이렇게 말하면 안 되고 '뭐예요?'라고 말하라고 했지? 사람 사이에 예의를 지키면 서로 기분이 좋아지고 사이가 좋아지지."

"응."

"아니, 그럴 땐 '네.'라고 해야지."

할아버지가 다시 정우의 말을 고쳐 주셨어요.

"네."

넙죽넙죽 할아버지 말을 따라 하는 정우가 기특했는지 할아버지가 정우 머리를 쓰다듬어 주셨어요. 낯을 가리는 정민이는 무서운 할아버지랑 금세 친해진 정우가 신기했어요. 정우는 할아버지에게 과자 봉지를 뜯어 달라고 하더니 하나를 집어 자기 입에 얼른 넣고는 다른 과자를 하나 들고 말했어요.

"할아버지도 하나 먹어."

"그럴 땐 '할아버지께서도 드세요.'라고 하는 거야. 그리고 정우야, 네가 먼저 먹는 게 아니고 어른들께 먼저 드시라고 하는 거야."

"아, 알았어. 알았어요. 할부지, 드세요."

할아버지는 정우가 내미는 과자를 입에 쏙 넣으시고 방긋 웃으셨어요.

"그래, 정우는 오늘 어디 가는 길이냐?"

"우리 할부지 생일잔치에 가요!"

"오호라, 할아버지 할머니께서 귀여운 손주들을 눈이 빠지게 기다리시겠구나."

"눈은 안 빠져요."

정우가 냉큼 대답했어요. 그 말에 할아버지가 크게 웃으셨어요.

"너희가 아주 보고 싶을 거란 말이란다. 그러면 정우야, 할아버지 할머니께 인사드리는 법 가르쳐 주랴?"

정우가 갑자기 벌떡 일어나더니 고개를 숙여 인사를 했어요.

"이렇게 하면 되잖아, 요?"

"할아버지 할머니를 오랜만에 뵙는 거잖니? 그럴 땐 큰절을 올리는 게 예의란다."

"큰절?"

"새해가 되면 어른을 찾아뵙고 큰절을 올리잖니? 한 번도 안 해 봤니?"

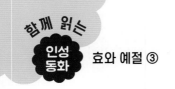

옆에서 조용히 듣고 있던 정민이가 끼어들었어요.

"정우야, 우리 지난번에 해본 적 있잖아. 한복 입고 했던 거!"

정민이의 힌트에 그때 일이 떠올랐는지 정우가 할아버지 무릎에서 내려왔어요. 그러고는 엉거주춤 바닥에 엎드리며 큰절을 했지요.

할아버지가 껄껄 웃으셨어요.

"아이고, 잘했다. 그리고 할아버지 할머니께 큰절을 드린 다음에는 이렇게 말하는 거야. 할아버지, 생신 축하드려요. 만수무강하세요."

"할부지, 생신 축하드려요. 만수, 무간하게요? 이게 무슨 말이에요?"

정우가 또 물었어요.

"할아버지께서 건강하게 오래오래 사시라는 뜻이란다."

할아버지의 설명에 정우가 고개를 끄덕였어요. 정민이는 자기도 모르는 말을 정우가 알아들었는지 궁금했어요.

"할아버지가 정우한테 선물 하나 주랴?"

정우가 손을 냉큼 내밀었어요. 할아버지가 주머니에서 무언가를 꺼내서 정우와 정민이에게 주셨어요.

"할부지, 이게 뭐예요?"

"할아버지가 가장 좋아하는 간식이란다. 양갱이라고, 아주 달코롬하니 맛있단다. 오늘 할아버지가 정우 덕에 아주 즐거웠단다. 할아버지는 다음 역에 내리거든. 그래서 작별 선물을 주는 거야."

"고마워요."

"'고맙습니다.'라고 해야지."

"고맙습니다."

"고맙습니다."

정민이도 작은 목소리로 할아버지께 감사 인사를 했어요. 할아버지는 다음 역에서 내리셨어요. 정우는 할아버지의 모습이 보이지 않을 때까지 힘차게 손을 흔들었어요. 할아버지도 미소를 지으시며 손을 흔드셨지요.

"에잉, 할부지 갔어! 할부지 무서웠어. 그래도 좋아."

이어지는 내용은 140쪽에 >>>

1회 사회

① 공중도덕을 지켜요

학습 계획일
월　일

② 병원에 가요

월　일

4 주차

2회 과학/수학

① 이가 빠졌어요

학습 계획일
월　일

② 세모, 네모, 동그라미

월　일

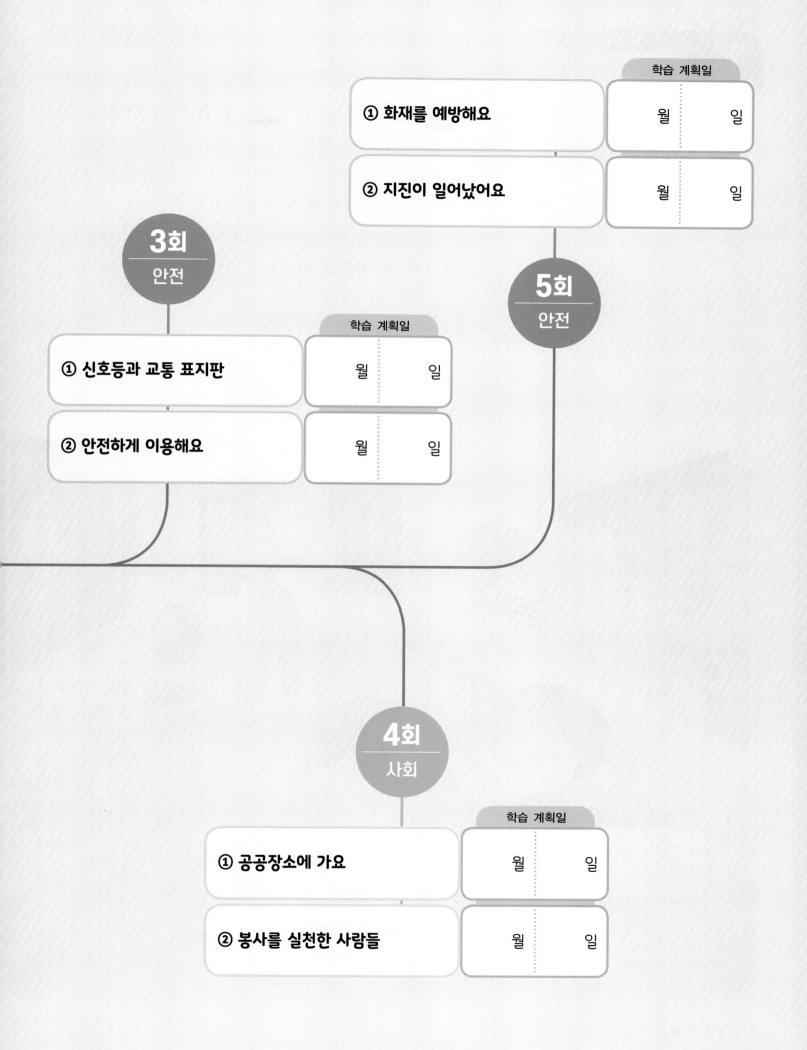

3회 안전

① 신호등과 교통 표지판   학습 계획일   월   일

② 안전하게 이용해요   월   일

5회 안전

① 화재를 예방해요   학습 계획일   월   일

② 지진이 일어났어요   월   일

4회 사회

① 공공장소에 가요   학습 계획일   월   일

② 봉사를 실천한 사람들   월   일

공중도덕을 지켜요

공중도덕이란 모두가 지켜야 할 규칙을 말해요. 만약 사람이 많은 곳에서 내 멋대로 하면 여러 사람이 불편함을 느낄 거예요. 자칫 사고로 이어질 수도 있고요. 모두를 위해 공중도덕을 지켜야 하지요. 그러면 공중도덕을 지키기 위해 어떻게 해야 할까요?

우선 시끄럽게 떠들거나, 뛰어다니며 장난치지 않아요. 또 물건을 함부로 만져서도 안 돼요.

함부로 만지지 않아요.

시끄럽게 떠들지 않아요.

이해 ▶ 편리한 생활을 위해 모두가 지켜야 할 규칙을 □□□□이라고 해요.

공중도덕 지키기

공중화장실

차례로 줄을 서서, 깨끗하게 사용해요.

영화관

영화를 볼 땐 조용히 하고, 앞자리를 발로 차지 않아요.

공원

머문 자리는 깨끗하게 치워요.

◉ 알맞은 내용에 ○표를 하세요.

박물관에서 신기한 걸 보면 만진다.	

도서관에서 떠들거나 뛰지 않는다.	

◉ 다음은 어느 장소에서 지켜야 할 공중도덕인지 쓰세요.

머문 자리는 깨끗하게 치운다.

◉ 알맞은 말에 ○표를 하세요.

공중화장실은 (깨끗하게 , 더럽게) 사용한다.

병원에 가요

열이 나고 콧물이 나서 엄마와 이비인후과에 갔어요. 계절이 바뀌는 때라 병원 안에는 사람이 많았어요. 의사 선생님은 내 목과 코를 살펴보고, 청진기로 내 몸의 소리를 들었어요. 그러고는 감기라고 하시며 먹어야 할 약이 적힌 종이를 주셨어요. 약국에 들러 집으로 오는데, 주변에 병원이 참 많았어요. 나는 다른 곳이 아프면 어느 병원에 가야 할지 궁금해졌어요.

병원
아픈 곳을 살피고, 치료하는 곳이에요.

이비인후과
귓속, 콧속, 목구멍이 아플 때 가는 병원이에요.

이해 ▶ 몸이 아프면 □□에 가야 해요.

여러 가지 병원

소아 청소년과
아기부터 청소년까지 가는 병원이에요.

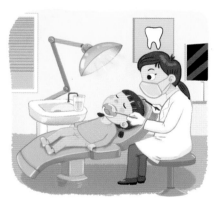

안과
눈병을 치료하는 병원이에요.

치과
이나 잇몸에 생긴 병을 치료하는 병원이에요.

정형외과
근육이나 뼈를 다쳤을 때 가는 병원이에요.

▶ 정답과 해설 52쪽

◉ 알맞은 말에 ○표를 하세요.

눈병이 나면 (안과 , 치과)에 가서 치료를 받는다.

◉ 알맞은 내용에 ○표를 하세요.

치과는 근육이나 뼈를 치료하는 병원이다. ☐

소아 청소년과는 아기부터 청소년까지 가는 병원이다. ☐

◉ 알맞게 선으로 이으세요.

이비인후과 •
• 귓속, 콧속, 목구멍을 치료한다.

정형외과 •
• 근육이나 뼈를 치료한다.

2회 ①

이가
빠졌어요

젤리를 먹는데 앞니 하나가 쏙 빠졌어요. 나는 놀라서 눈물이 났어요. 엄마는 튼튼한 새 이가 나려고 아기 때 쓰던 이가 빠진 거라고 하셨어요. 그리고 입을 벌려 송곳니와 어금니도 살펴보셨어요.

엄마는 새 이가 예쁘게 나려면 지금 쓰고 있는 이를 잘 보살펴야 한다고 하셨어요. 나는 양치질을 더 열심히 해야겠다고 마음먹었어요.

앞니
앞쪽에 아래위로 4개씩 나 있는 이로, 음식물을 잘 라요.

이해 ▶ 앞니, 어금니, 송곳니 등을 ☐라고 해요.

어금니와 송곳니

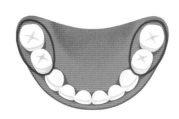

어금니
안쪽에 있는 큰 이로 음식물을 잘게 부수어요.

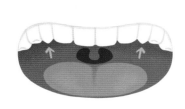

송곳니
앞니와 어금니 사이에 있는 뾰족한 이로, 음식물을 찢어요.

유치와 영구치

유치
아기 때 쓰는 이로 '젖니'라고도 불러요.

영구치
유치가 빠진 뒤에 나는 이로, 한 번 나면 다시 나지 않아요.

◉ 이의 이름에 모두 ○표를 하세요.

앞니	어머니	어금니
언니	송곳니	머릿니

◉ 다음 설명에 알맞은 말을 쓰세요.

- 유치가 빠진 뒤에 나는 이이다.
- 한 번 나면 다시 나지 않는다.

☐ ☐ ☐

◉ 알맞은 내용에 ○표를 하세요.

유치는 '젖니'라고도 부른다.	☐
송곳니는 납작한 모양이다.	☐

2회 ②

세모, 네모, 동그라미

친구들이 모양이 서로 다른 간식을 골랐어요.

샌드위치는 뾰족한 곳이 세 군데인 세모 모양이고요. 초콜릿은 뾰족한 곳이 네 군데인 네모 모양이에요. 피자는 모양이 둥글고 뾰족한 곳이 없는 동그라미 모양이에요. 이렇게 서로 다른 모양끼리 모으니 각 모양의 특징이 보여요. 우리는 세모, 네모, 동그라미 모양을 더 찾아보기로 했어요.

세모 모양
뾰족한 곳과 편평한 선이 3군데예요.

네모 모양
뾰족한 곳과 편평한 선이 4군데예요.

동그라미 모양
뾰족한 곳이 없고 모양이 둥글어요.

이해 ▶ 뾰족한 곳이 없고 둥근 모양을 □□□□□ 모양이라고 해요.

세모 모양의 특징

뽀족한 곳이 3군데, 편평한 선이 3군데씩 있어요.

네모 모양의 특징

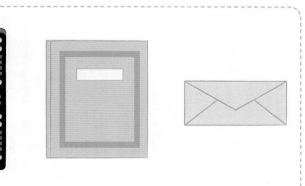

뽀족한 곳이 4군데, 편평한 선이 4군데씩 있어요.

동그라미 모양의 특징

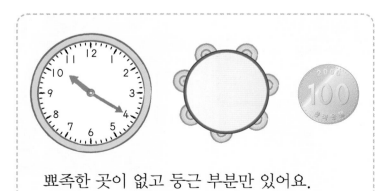

뽀족한 곳이 없고 둥근 부분만 있어요.

◉ 다음 물건에서 찾을 수 있는 모양에 ○표를 하세요.

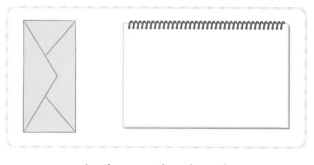

(네모 , 세모) 모양

◉ 알맞게 선으로 이으세요.

◉ 동그라미 모양에 대한 설명에 ○표를 하세요.

편평한 선이 있다.	
뽀족한 곳이 없다.	

3회 ①

신호등과 교통 표지판

채영이네 집 앞에 작은 공원이 생겼어요. 채영이는 공원에 가려고 집을 나섰어요. 횡단보도에 도착하니 신호등의 녹색 불이 깜박였어요. 채영이는 걸음을 멈췄어요. 불이 깜박이면 곧 신호가 바뀐다는 뜻이니까요.

채영이는 횡단보도 앞에 서서 찻길 여기저기를 살펴보았어요. 찻길에는 사람이 보는 신호등과 차들이 보는 신호등이 있었고, 교통 표지판도 있었지요.

교통 표지판
안전하게 다닐 수 있도록 그림이나 글로 알려 주는 표지판을 말해요.

신호등
사람이나 차가 가고 설 수 있도록 불빛으로 신호하는 장치예요.

이해 ▶ □□□의 녹색 불이 깜박일 때는 무리하게 건너면 위험해요.

여러 가지 교통 표지판

길을 건널 수 있는 횡단보도가 있다는 표시예요.

차를 잠시라도 세워 두지 말라는 표시예요.

찻길 공사 중이니 조심해서 지나가라는 표시예요.

자전거만 다닐 수 있다는 표시예요.

◉ 다음 설명에 알맞은 말을 쓰세요.

• 사람이나 차가 가고 설 수 있도록 불빛으로 신호를 하는 장치이다.
• 빨간불일 때 멈추고, 녹색 불일 때 간다.

◉ 알맞게 선으로 이으세요.

 •

• 횡단보도가 있다는 표시.

 •

• 찻길에서 공사를 한다는 표시.

◉ 알맞은 말에 ○표를 하세요.

(신호등 , 교통 표지판)은 안전하게 다닐 수 있도록 그림이나 글로 알려 주는 표지판을 말한다.

3회 ②

안전하게 이용해요

엄마와 할아버지 생신 선물을 사러 백화점에 왔어요. 그런데 백화점을 들어오다 빙글빙글 돌아가는 회전문에 끼일 뻔했어요. 가슴이 두근두근하고 눈물도 찔끔 났어요. 그래서 에스컬레이터도 조심조심 타고, 엘리베이터에서도 얌전히 있었어요. 다칠까 봐 겁이 났거든요.

엄마가 늘 조심해야 한다고 말씀하셨어요. 이제부터는 앞도 잘 보고, 주위도 잘 살피며 다닐 거예요.

에스컬레이터에서는
• 노란 선 안에 두 발을 올리고 손잡이를 꼭 잡고 타요.
• 신발이나 옷이 끼지 않도록 조심해요.

이해 ▶ 에스컬레이터를 탈 때는 꼭 □□□를 잡아야 해요.

안전하게 이용하기

회전문

꼭 어른과 함께 이용하고, 옷이나 몸이 끼지 않도록 조심해요.

엘리베이터

쿵쿵 뛰거나, 버튼을 함부로 누르지 않아요.

환기구

떨어질 위험이 있으므로, 환기구 위에 올라가지 않아요.

◉ 알맞은 내용에 ○표를 하세요.

환기구에 올라간다.	
엘리베이터에서 뛰지 않는다.	

◉ 다음은 무엇을 안전하게 이용하는 것인지 쓰세요.

- 노란 선 안에 두 발을 올리고 손잡이를 잡는다.
- 신발이나 옷이 끼지 않도록 조심한다.

◉ 알맞게 선으로 이으세요.

엘리베이터	ㆍ	ㆍ	꼭 어른과 함께 이용한다.
회전문	ㆍ	ㆍ	버튼을 함부로 누르지 않는다.

4회 ①

공공장소에 가요

공공장소란 여러 사람이 함께 이용하는 곳이에요. 박물관, 공원, 마트, 공중화장실, 영화관, 은행 등 종류가 아주 다양하답니다.

하지만 나이가 어리거나 많거나, 몸이 불편하거나 건강한가에 관계없이 누구나 이용할 수 있다는 점은 같아요. 그래서 공공장소에서는 서로를 위해 공중도덕과 예절을 지키고, 남을 배려해서 행동해야 한답니다.

공중화장실
여러 사람이 볼일을 볼 수 있도록 만든 곳이에요.

공원
쉬거나, 운동을 하거나, 놀 수 있도록 만든 곳이에요.

이해 ▶ 여러 사람이 함께 이용하는 곳을 □□□□라고 해요.

공공장소의 종류

영화관

영화나 만화 영화를 보는 곳이에요.

은행

돈을 맡기거나 빌려주는 곳이에요.

마트

물건을 종류별로 모아 놓고 파는 곳이에요.

◉ 공공장소에 모두 ○표를 하세요.

공중화장실	우리 집	은행
마트	공원	친구 집

◉ 알맞게 선으로 이으세요.

| 마트 | • | • | 물건을 종류별로 모아 놓고 파는 곳. |
| 은행 | • | • | 돈을 맡기거나 빌려주는 곳. |

◉ 다음 설명에 알맞은 말을 쓰세요.

- 여러 사람이 함께 이용하는 곳이다.
- 이곳에서는 공중도덕과 예절을 지켜야 한다.

4회 ②

봉사를 실천한 사람들

우리 주변에는 다양한 이웃이 살아요. 그중에는 어렵고 힘든 이웃도 있지요. 우리는 이런 이웃을 위해 불우 이웃 돕기 성금을 내기도 하고, 도움을 주기도 해요. 하지만 이것을 계속하기는 쉽지 않아요. 그런데 자신을 돌보지 않고 남을 돕는 일을 죽을 때까지 계속한 분들이 있어요. 바로 알베르트 슈바이처와 테레사 수녀예요. 두 분은 가난하고 아픈 사람들을 위해 봉사했답니다.

알베르트 슈바이처
아프리카 가봉에 병원을 세우고, 아픈 사람들을 고쳐 줬어요. 1952년 노벨 평화상을 받았어요.

테레사 수녀
인도에서 가난하고 아픈 사람들을 돌보았어요. 1979년 노벨 평화상을 받았어요.

이해 ▶ 테레사 수녀는 가난하고 아픈 사람들을 위해 □□를 했어요.

봉사를 실천한 사람들(우리나라)

김만덕

제주도에 흉년이 들자 곡식을 사서 제주도 사람들에게 나누어 주었어요.

장기려

부산에 병원을 세우고 가난한 사람들을 치료했어요.

이태석 신부

아프리카 수단에 병원과 학교를 세우고 아픈 사람들과 아이들을 돌보았어요.

이종욱

한센병 치료를 위해 노력했으며, 가난한 나라의 소아마비 예방에 힘썼어요.

◎ 봉사를 실천한 사람에 모두 ○표를 하세요.

이태석 신부	반 고흐
왕건	알베르트 슈바이처

◎ 다음 설명에 알맞은 말을 쓰세요.

- 가난하고 아픈 사람들을 돌본 수녀이다.
- 1979년 노벨 평화상을 받았다.

◎ 알맞게 선으로 이으세요.

김만덕 ·

장기려 ·

· 부산에 병원을 세우고 가난한 사람들을 치료했다.

· 제주도에 흉년이 들자 쌀을 사서 나누어 주었다.

5회 ①

화재를 예방해요

불은 모든 것을 태워 잿더미로 만들어요. 그래서 큰불이 나면 재산을 잃게 되고, 사람도 죽거나 다칠 수 있어요. 이것을 화재라고 해요.

그런데 몇 가지만 조심하면 불이 나는 것을 막을 수 있어요. 그리고 불이 났을 때 어떻게 하는지 알아 두면 소중한 생명을 지킬 수 있어요. 어떻게 해야 하는지 우리 함께 알아보아요.

화재를 막으려면

가전제품을 사용한 뒤 플러그는 빼 두어요.

가스레인지를 쓸 때는 곁에서 지켜보고, 다 쓴 뒤에는 밸브를 잠가요.

소화기는 잘 보이는 곳에 두고 미리 사용법을 익혀요.

화재가 나면

큰 소리로 "불이야!"라고 소리쳐 주변에 알려요.

젖은 수건으로 입과 코를 막고 재빨리 피해요.

엘리베이터는 타지 말고, 계단으로 대피해요.

이해 ▶ 불이 나서 재산을 잃거나 사람이 다치는 것을 □□라고 해요.

▶ 정답과 해설 **59**쪽

소화기 사용법 알아보기 ///////////////////////////

❶ 안전핀을 뽑아요.

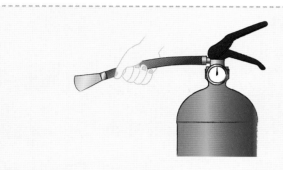

❷ 호스의 머리 부분을 잡고, 불이 난 곳으로 가요.

❸ 손잡이를 꽉 움켜쥐어요.

❹ 소화기에서 나오는 하얀 가루가 불을 덮을 수 있도록 골고루 쏴요.

◉ 화재를 예방하는 행동에 ○표를 하세요.

가전제품을 사용한 뒤 플러그를 뽑아 둔다.

가스레인지를 켜 놓고 밖으로 나간다.

◉ 다음 설명에 알맞은 말을 쓰세요.

• 불을 끄는 데 쓰는 물건이다.
• 잘 보이는 곳에 두고 미리 사용법을 익혀야 한다.

◉ 알맞은 말에 ○표를 하세요.

불이 나면 (건물 안 , 계단)으로 대피한다.

5회 ②

지진이
일어났어요

지진은 땅이 갈라지고 흔들리는 것이에요. 큰 지진이 나면 건물이 기울어지거나 무너지고, 길이 끊어지며, 산에서 바위나 흙이 무너져 내려요. 실제로 지진으로 많은 사람이 죽거나 다쳤어요.

하지만 지진이 일어났을 때 몸을 보호하는 방법을 알아 두면 큰 사고를 막을 수 있어요. 지진이 나면 어떻게 하는지 함께 알아보기로 해요.

집에 있을 때는
식탁이나 탁자 밑으로 들어가 몸을 보호해요.

이해 ▶ □□이 일어나면 건물이 기울어지거나 무너질 수 있어요.

지진 대피 방법

거리에서

가방 등으로 머리를 보호하며, 건물에서 멀리 떨어져요.

전철에서

전철 안의 손잡이나 기둥을 꽉 붙잡고, 안내 방송에 따라요.

백화점이나 마트에서

진열장에서 떨어지는 물건으로부터 몸을 보호하며, 계단이나 기둥으로 피해요.

더 알아 두기

건물 안에 있을 때는 흔들림이 멈추면 바로 건물 밖으로 나와 운동장, 공원처럼 넓은 곳으로 피해요.

◉ 알맞은 말에 ○표를 하세요.

> 거리에 있을 때는 (머리 , 다리)를 보호하며, 건물에서 멀리 떨어진다.

◉ 지진이 일어났을 때 알맞은 행동에 ○표를 하세요.

> 전철에서는 손잡이나 기둥을 꽉 붙잡는다. ☐

> 흔들림이 멈추어도 계속 건물 안에 있는다. ☐

◉ 알맞게 선으로 이으세요.

백화점이나 마트	•	•	계단이나 기둥으로 피한다.
집 안	•	•	식탁이나 탁자 밑에 들어간다.

1 다음 장소에서 하지 말아야 할 행동은? (　　　　) 》············ 사회

① 소리를 지른다.

② 휴대 전화를 끈다.

③ 뛰어다니지 않는다.

④ 앞자리를 발로 차지 않는다.

2 알맞게 선으로 이으세요. 》············ 사회

 · · 치과

 · · 안과

3 다음 설명에 알맞은 것은? (　　　　) 》············ 사회

- 몸이 아프면 가는 곳이다.
- 이비인후과, 정형외과, 소아 청소년과 등 여러 종류가 있다.

① 공원　　　　② 학교　　　　③ 병원　　　　④ 시장

▶ 정답과 해설 **61**쪽

4 알맞은 말에 ○표를 하세요. 〰〰〰〰〰〰〰〰〰〰〰〰〰〰〰〰〰〰〰〰〰〰〰 과학

(어금니 , 유치)는 안쪽에 있는 큰 이로 음식물을 잘게 부순다.

5 다음 모양을 무엇이라고 하나요? (   ) 〰〰〰〰〰〰〰〰〰〰〰〰〰〰〰〰 수학

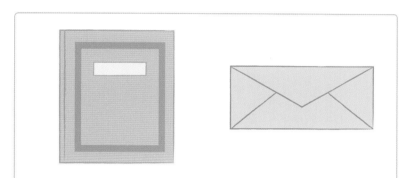

① 세모 모양
② 네모 모양
③ 마름모 모양
④ 동그라미 모양

6 신호등에 대한 설명으로 알맞은 것에 모두 ○표를 하세요. 〰〰〰〰〰〰〰〰 안전

(1) 빨간불일 때 멈추고, 녹색 불일 때 간다. (   )

(2) 사람이나 차에게 불빛으로 신호를 하는 장치이다. (   )

(3) 횡단보도에서 녹색 불이 깜박이면 재빨리 뛰어간다. (   )

7 안전하게 생활하는 방법으로 바르지 <u>않은</u> 것은? (   ) ≫ .... 안전

① 환기구는 절대로 올라가지 않는다.

② 엘리베이터에서 쿵쿵 뛰지 않는다.

③ 회전문을 이용할 때는 옷자락이 끼지 않도록 조심한다.

④ 에스컬레이터를 탈 때 발은 아무 데나 올리고 손잡이를 잡지 않는다.

8 알맞게 선으로 이으세요. ≫ .... 사회

    •
    •   마트

    •
    •   은행

9 알맞은 말에 ○표를 하세요. ≫ .... 사회

(비밀 장소 , 공공장소)는 여러 사람이 함께 이용하는 곳이므로, 공중
도덕과 예절을 지켜야 한다.

▶ 정답과 해설 **62**쪽

10 다음은 누구에 대한 설명인가요? (   ) 사회

> • 아프리카 가봉에 병원을 세웠다.
> • 60여 년 동안 아프리카 사람들을 치료해 주었다.
> • 노벨 평화상을 받았다.

① 이종욱   ② 장기려

③ 테레사 수녀   ④ 알베르트 슈바이처

11 다음 물건의 이름은 무엇인가요? (   ) 안전

① 소방서
② 소방관
③ 소화기
④ 소방차

12 지진이 일어났을 때 알맞은 행동에 모두 ○표를 하세요. 안전

(1) 전철에서는 안내 방송에 신경 쓰지 않는다.   (   )

(2) 집에 있을 때는 식탁이나 탁자 밑으로 들어간다.   (   )

(3) 건물 안에 있을 때는 흔들림이 멈추면 밖으로 나온다.   (   )

사회 | 공중도덕을 지켜요

사회 | 병원에 가요

▶ 정답과 해설 63쪽

과학 이가 빠졌어요

수학 세모, 네모, 동그라미

ㄱ ㅌ ㅍ ㅈ ㅍ

ㅅ ㅎ ㄷ

ㅇ ㅅ ㅋ ㄹ ㅇ ㅌ

▶ 정답과 해설 64쪽

사회 공공장소에 가요

안전 지진이 일어났어요

할아버지, 큰절 받으세요!

"할부지, 할무니! 정우 왔어요!"

할아버지 댁 대문을 들어서면서 정우가 큰 소리로 외쳤어요.

"아이고, 우리 손주 왔구나, 얼른 들어와라, 얼른 들어와."

마침 마당에 나와 계시던 할아버지가 정우를 반갑게 맞아 주셨어요. 정우는 얼른 뛰어가 할아버지에게 안겼어요. 마당 한 구석에서 토리가 달려와 꼬리를 흔들며 컹컹 짖었지요. 정민이는 달려드는 토리를 덥석 안았어요. 정우가 토리의 꼬리를 잡고 아는 체를 하자 토리는 그게 싫었는지 꽁무니를 뺐지요. 할아버지가 그 모습을 보시며 웃음을 지으셨어요. 한바탕 토리를 쫓아다니던 정우가 할아버지 품에 넙죽 안기며 말했어요.

"할부지, 보고 싶었어요."

"그래. 할아버지도 우리 정우랑 정민이 많이많이 보고 싶었다. 여기까지 오느라 힘들었을 텐데, 얼른 들어가자."

엄마와 정민이 그리고 정우는 할아버지를 따라 안방으로 들어갔어요. 곧이어 할머니께서 쟁반에 먹음직스러운 곶감과 군고구마를 가지고 들어오셨어요. 정우의 얼굴에 방긋 웃음꽃이 피었어요.

"우리 강아지들, 먼 데까지 오느라 피곤했지? 어멈도 애들 데리고 내려오느라 고생했다."

할머니께서 말씀하셨어요.

"배고플 텐데, 저녁밥 먹기 전에 이거라도 좀 먹고들 있어라."

그때 갑자기 정우가 벌떡 일어났어요.

"할무니, 저기 할부지 옆에 가서 앉으세요."

뜬금없는 정우의 말에 모두 눈이 휘둥그레졌지요. 엄마는 도대체 무슨 일인가 싶어서 정민이에게 눈짓을 했지만, 정민이도 알 수가 없어서 고개만 저었어요.

"큰절할라고요."

정우의 말에 모두 웃음을 터뜨렸어요. 할아버지 할머니도 방긋 웃으며 말씀하셨어요.

"우리 정우가 예절 교육을 잘 받았나 보구나. 허허허, 그래그래. 당신도 여기 와서 앉아요."

할아버지가 옆자리를 두드리며 할머니께 말씀하셨어요.

정우를 따라 정민이도 일어서서 함께 큰절을 올렸어요.

"할부지, 할무니, 생선 추카드려요. 만수, 무간하게요."

어설픈 정우의 인사에 모두 웃음이 빵 터졌어요.

"그래그래, 우리 정우도 정민이도 정말 고맙구나. 할아버지도 할머니도 만수무강할게. 고맙다, 고마워."

할머니께서는 곶감과 군고구마 쟁반을 앞으로 내밀며 얼른 먹어 보라고 하셨어요.

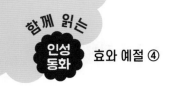

그때 정우가 도리질했어요.

"왜, 왜, 정우야? 이거 먹기 싫어? 다른 거 줄까?"

할머니가 물으셨어요.

"아니, 아니. 할부지 할무니, 먼저 드세요."

정우가 얼른 할아버지 할머니께 곶감을 하나씩 드렸어요.

"아이고, 우리 정우가 이제 다 컸구나. 장하다, 장해."

할아버지가 정우 머리를 다정하게 쓰다듬어 주셨어요.

"어떤 할부지한테 배웠어, 요. 끝에 '요'도 붙이고, 큰절도 하구. 먹을 땐 할
부지 할무니 먼저 주라고, 요."

"정민아, 정우가 하는 말이 무슨 말이니?"

영문을 모르는 엄마는 정민이에게 물으셨어요.

"아까 기차 안에서, 엄마가 잠들었을 때, 옆자리 할아버지가 정우한테
얘기했어요. 처음엔 무서운 할아버지인 줄 알았는데⋯⋯."

"그 할부지가 이거 줬어, 요! 그리고 큰절도 하라고 했구요."

정우가 주머니에서 양갱을 꺼냈어요.

"할부지가 잘했다고 이거 줬어요! 그리고 할부지한테 늙었다고
하면 기분이 안 좋대요."

정우의 말에 모두 웃음을 터뜨렸어요.

"아이고, 우리 손자가 그분에게 많은 걸 배웠나
보구나. 할아버지가 무섭지는 않았어?"

할아버지가 물으셨어요.

"첨엔 막, 큰소리로 화냈는데,
그 담엔 안 그랬어. 할부지,
좋았어. 먹을 거도 주고. 할부지

갈 때 막 손 흔들었어. 할부지도 그랬구."

정우가 설명을 이어갔어요.

"할부지 할머니한텐 '요' 자를 붙여서 말하랬어, 요."

"하하하, 우리 정우가 오늘 큰 가르침을 받았구나."

할아버지가 껍질을 벗긴 군고구마를 정우 손에 쥐어 주셨어요.

"고맙습니다, 할부지."

"우리 정우가 정말 예절 교육을 제대로 받은 모양이네요."

엄마가 말씀하셨어요.

어스름이 지는 저녁 무렵, 할아버지 댁에서는 오래도록 웃음꽃이 피었답니다.

P단계에서 배운 내용 다시 보기

1주차

1	①	사회	함께 사는 가족
	②	사회	즐거운 우리 명절
2	①	과학	예쁜 꽃이 피었어요
	②	과학	과일을 먹어요
3	①	사회	즐거운 학교
	②	사회	나라를 세운 단군
4	①	국어	여러 가지 인사
	②	안전	교실에서 안전하게 생활해요
5	①	사회	우리나라 대한민국
	②	사회	우리 옷 한복

2주차

1	①	사회	여러 가지 탈것
	②	사회	우리 음식 김치
2	①	과학	하늘에서 내리는 비와 눈
	②	사회	어린이를 사랑한 사람들
3	①	사회	학교 규칙을 지켜요
	②	사회	즐거운 놀이
4	①	안전	물건을 안전하게 사용해요
	②	안전	학용품과 미술용품을 안전하게
5	①	국어	한글의 자음자와 모음자
	②	국어	그림일기를 써요

3주차

1	①	과학	소중한 나의 몸
	②	과학	봄, 여름, 가을, 겨울
2	①	사회	건강하게 지내요
	②	사회	이웃과 사이좋게 지내요
3	①	사회	동물을 연구한 사람들
	②	안전	놀이터에서 안전하게 놀아요
4	①	안전	교통 규칙을 지켜요
	②	안전	엄마, 아빠를 잃어버렸어요
5	①	수학	1부터 10까지의 수
	②	수학	덧셈과 뺄셈

4주차

1	①	사회	공중도덕을 지켜요
	②	사회	병원에 가요
2	①	과학	이가 빠졌어요
	②	수학	세모, 네모, 동그라미
3	①	안전	신호등과 교통 표지판
	②	안전	안전하게 이용해요
4	①	사회	공공장소에 가요
	②	사회	봉사를 실천한 사람들
5	①	안전	화재를 예방해요
	②	안전	지진이 일어났어요

* 어휘 풀이는 국립국어원 표준국어대사전을 바탕으로 정리하였습니다.

1

주차

정답과 해설

배경지식이 문해력이다 | P단계

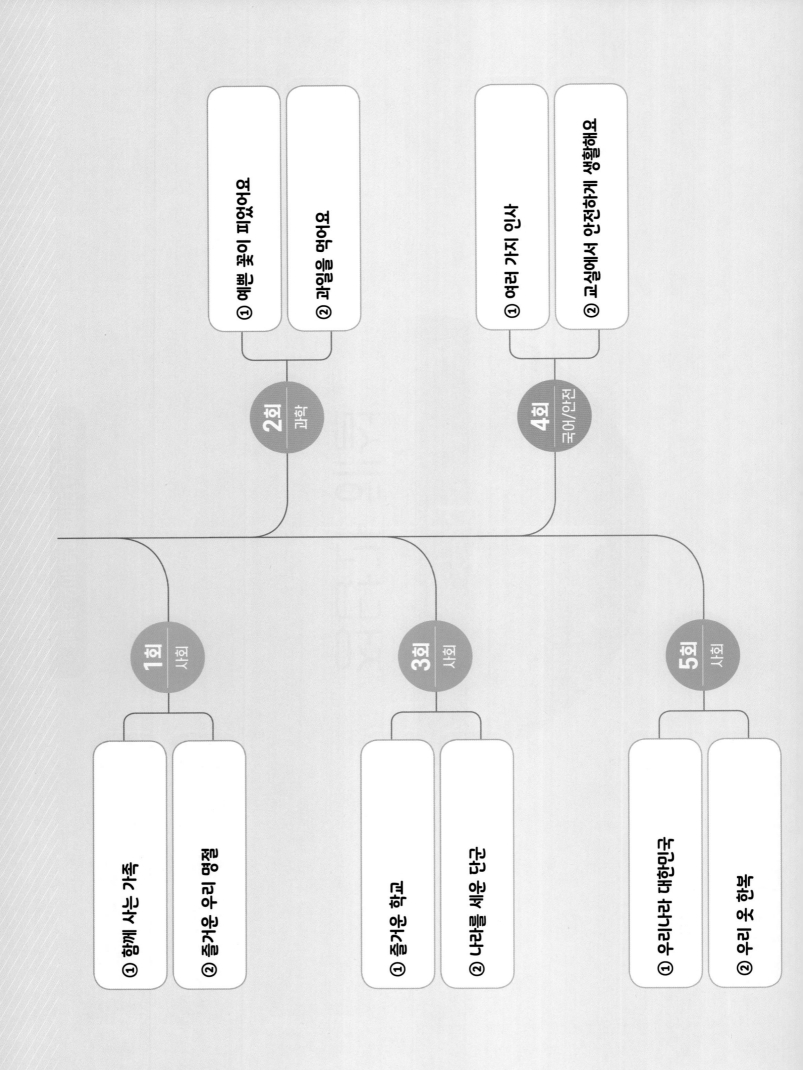

1회 사회
① 함께 사는 가족
② 즐거운 우리 명절

2회 과학
① 예쁜 꽃이 피었어요
② 과일들 음악회

3회 사회
① 즐거운 학교
② 나라를 세운 단군

4회 국어/안전
① 여러 가지 인사
② 안전하게 생활해요

5회 사회
① 우리나라 대한민국
② 우리 옷 한복

1회

1주차 ①

사회

함께 사는 가족

우리 집에는 우리 가족이 함께 살아요. 나를 보살펴 주시는 아버지와 어머니, 나보다 두 살 많은 형, 그리고 한 살 어린 여자 동생이 있어요.

아침이 되면 우리는 함께 밥을 먹어요. 그리고 아버지와 어머니는 회사에 가시고, 형은 학교에, 나랑 동생은 유치원에 가지요. 우리 집에는 강아지도 함께 살아요. 동이도 우리와 함께 사는 가족이에요.

TIP 결혼, 출산, 입양 등으로 맺어진 관계를 가족이라고 합니다.

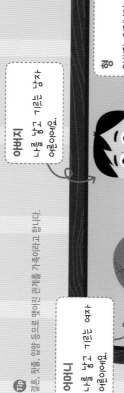

어머니
나를 낳고 기르는 여자 어른이에요.

아버지
나를 낳고 기르는 남자 어른이에요.

형
아버지, 어머니가 같은 나보다 나이가 많은 남자예요.

동생
아버지, 어머니가 같은 나보다 나이가 어린 남자거나 여자예요.

이해 나와 함께 사는 아버지, 어머니, 형, 동생 등을 □□이라고 해요. 가족

나의 가족

할아버지
나의 아버지나 어머니를 길러 주신 남자 어른이에요.

할머니
나의 아버지나 어머니를 길러 주신 여자 어른이에요.

언니/누나
아버지, 어머니가 같은 나보다 나이가 많은 여자예요.

반려동물
우리 가족과 함께 사는 동물이에요.

◉ 가족에 모두 ○표를 하세요.

할아버지   형   동생
어머니   아버지   유치원 선생님

해설 유치원 선생님은 가족이 아닙니다.

◉ 다음 설명에 알맞은 말을 쓰세요.

· 가족처럼 여기는 동물이다.
· 우리 가족과 함께 산다.

반 려 동 물

해설 우리 가족과 함께 사는 개, 고양이, 새 등의 동물을 반려동물이라고 합니다.

◉ 알맞게 선으로 이으세요.

나의 아버지나 어머니를 길러 주신 남자 어른.

나를 낳고 기르는 여자 어른.

어머니

할아버지

해설 할아버지는 아버지나 어머니를 길러 주신 남자 어른이고, 어머니는 나를 낳고 기르는 여자 어른입니다.

1회 1주차 ②

즐거운 우리 명절

사회

설날과 추석은 우리나라의 대표적인 명절이에요. 사람들은 오랜만에 가족이나 친척들을 만나, 즐거운 시간을 보내요. 또 돌아가신 할아버지, 할머니를 생각하며 차례를 지내기도 하지요.

설날에는 세배를 하고, 떡국을 먹고, 연날리기나 팽이치기 등을 해요. 추석에는 송편을 먹고, 강강술래나 씨름 등놀이를 하고, 달맞이를 해요.

설날
새해를 맞이하는 첫날로, 웃어른께 세배를 하며 인사를 드려요.

추석
한 해의 농사를 마무리하며 감사하는 날로, 보름달을 보며 소원을 빌어요.

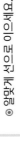

새해 복 많이 받으세요.

TIP 설날과 추석에 지내는 제사는 제사를 차례라고 하고, 조상의 신호를 찾아오는 독보는 일을 성묘라고 합니다.

이해 설날과 추석은 우리나라의 대표적인 □□이에요. 명절

▲ 정답과 해설 4쪽

◉ 다음 설명에 알맞은 말을 쓰세요.

· 우리나라 명절 중 하나이다.
· 새해의 첫날이다.
· 떡국을 먹는다.

[설 날]

해설 설날은 새해를 맞이하는 첫날로, 떡국을 먹습니다.

◉ 알맞게 선으로 이으세요.

달맞이
세배

설날
추석

해설 설날에는 세배를 하고, 추석에는 달맞이를 합니다.

◉ 추석에 대한 설명에 ○표를 하세요.

송편을 먹는다. [○]
창포물에 머리를 감는다. [ ]

해설 추석에는 송편을 먹고 달맞이를 하며, 단오에는 창포물에 머리를 감습니다.

설날 음식과 놀이

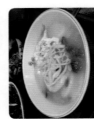

떡국
떡국을 먹으며 나이 한 살을 더 먹는다고 생각했어요.

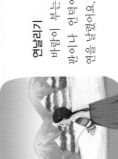

연날리기
바람이 부는 들판이나 언덕에서 연을 날렸어요.

추석 음식과 놀이

송편
반달 모양의 송편을 만들어 먹었어요.

강강술래
여럿이 서로 손을 잡고 큰 동그라미를 만들면서 뛰노는 강강술래를 했어요.

2회

① 1주차

예쁜 꽃이 피었어요

과학

승하가 공원에 봄나들이를 왔어요. 공원에는 꽃이 한 가득 피어 있지요. 개나리, 철쭉, 민들레…… 모양도 예쁘고 색깔도 예뻐요. 킁킁! 어디선가 향긋한 꽃 냄새가 나요. 냄새 맡며 나비도 꽃을 찾아왔어요. 달콤한 꿀을 얻으려나 봐요.

꽃은 봄뿐만 아니라 여름과 가을에도 피어요. 추운 겨울에 피는 꽃도 있답니다.

TIP 꽃은 나중에 열매나 씨가 됩니다.

개나리
봄에 피는 노란색 꽃으로, 꽃잎이 벽 모양이에요.

철쭉
봄에 분홍색, 자주색 등의 꽃이 피어요.

이해 철쭉, 개나리 등을 □이라고 해요.
꽃

여러 가지 꽃

장미
여름에 피어요. 향기가 좋고, 색깔이 여러 가지에요.

해바라기
여름이나 가을에, 키가 크고 노란색 큰 꽃이 피어요.

국화
가을에 피는 꽃으로, 색깔과 모양이 여러 가지에요.

동백
겨울에서 봄 사이에 붉은 꽃이 피어요.

◉ 알맞은 말에 ○표를 하세요.

개나리는 봄에 피는 (노란색, 보라색) 꽃이다.

해설 개나리는 봄에 피는 노란색 꽃입니다.

◉ 장미에 대한 설명에 ○표를 하세요.

가을에 피는 꽃이다. ☐

향기가 좋고 색깔이 여러 가지 이다. ○

해설 장미는 좋은 향이 나고, 여름에 꽃이 핍니다.

◉ 다음 설명에 알맞은 말을 쓰세요.

• 여름이나 가을에 피는 꽃이다.
• 노란색의 큰 꽃이 핀다.

해 바 라 기

해설 해바라기는 여름이나 가을에 피는 노란색의 큰 꽃입니다.

2회 ②

과일을 먹어요

과학

지유는 과일을 좋아해요. 그중에서도 달콤하고 향긋한 복숭아를 제일 좋아하지요.

오늘 지유는 엄마와 과일 가게에 갔어요. 복숭아도 사고, 엄마가 좋아하는 사과도 사고, 노란 바나나와 보랏빛 열매가 알알이 달린 포도도 샀어요. 엄마가 과일은 맛도 좋고 건강에도 좋다고 하셨어요. 지유는 과일을 더 많이 먹어야겠다고 생각했어요.

포도 — 작은 열매가 여럿이 모여서 송이를 이룬 거야이에요.

바나나 — 껍질이 노랗고 기다랗고 달콤하며, 달콤해요.

복숭아 — 껍질에 털이 있고, 다급하고 향긋해요.

사과 — 껍질이 빨갛고 새콤달콤하며, 아삭아삭 소리가 나. 달콤해요.

TIP 대개 나무에 달린 열매를 과일이라고 한다.

이해 사과, 복숭아, 포도, 바나나 등을 ☐이라고 해요. 과일

여러 가지 과일

배 — 껍질이 누렇고, 달고 시원한 맛이 나요.

감 — 그대로 먹거나, 푹 익혀 홍시로 먹거나, 말려서 곶감으로 먹어요.

귤 — 새콤달콤한 맛이 나는 주황색 열매예요.

키위 — 껍질에 가칠거칠 털이 있고, 맛은 새콤달콤해요.

▲ 정답과 해설 6쪽

◉ 알맞게 선으로 이으세요.

감 ╳ 바나나

껍질이 노랗고 길쭉하다.

말려서 곶감으로 먹기도 한다.

해설 바나나는 껍질이 노랗고 길쭉한 모양의 과일이고, 감은 말려서 곶감으로도 먹는 과일입니다.

◉ 포도에 대한 설명에 ○표를 하세요.

☐ 껍질이 주황색이다.

○ 작은 열매가 여럿이 모여서 송이를 이룬다.

해설 포도의 껍질은 보라색입니다.

◉ 다음 설명에 알맞은 말을 쓰세요.

· 껍질에 가칠거칠한 털이 있는 과일이다.

· 새콤달콤한 맛이 난다.

키위

해설 키위는 껍질에 털이 있고, 새콤달콤한 과일입니다.

3회

1주차 ①

즐거운 학교

사회

학교는 여러 가지를 배우는 곳이에요. 공부에 필요한 여러 장소가 학교에 모여 있지요. 친구들과 함께 공부하는 교실도 있고, 선생님들이 모여 있는 교무실도 있어요. 책을 읽는 도서관도 있고, 아플 때 가는 보건실도 있어요. 또 맛있는 점심을 먹는 급식실도 있고, 신나게 운동하는 운동장도 있어요. 학생들은 학교에서 공부도 하고 친구와 즐겁게 지낸답니다.

학교
선생님은 가르치고, 학생은 배우는 곳이에요.

운동장
친구들과 운동을 하고, 학교 행사를 하는 곳이에요.

TIP 학교에서는 공부뿐만 아니라 공중도덕, 예절, 친구 사귀기 등 여러 가지를 배웁니다.

어휘 □□에는 교실, 운동장, 교무실, 도서관, 보건실 등이 있어요.
학교

학교에서 볼 수 있는 곳

교실
학생들이 함께 지내며 공부하는 곳이에요.

교무실
선생님들이 모여 회의를 하고, 여러 가지 일을 하는 곳이에요.

도서관
여러 종류의 책을 읽거나 빌리는 곳이에요.

보건실
아프거나 다쳤을 때 가는 곳이에요. 선생님이 치료를 해 주세요.

▲ 정답과 해설 7쪽

◉ 학교에서 볼 수 있는 것에 모두 ○표를 하세요.

교실	대사관	도서관
교무실	휴게소	보건실

해설 학교에서는 교실, 도서관, 교무실, 운동장, 보건실 등을 볼 수 있습니다.

◉ 다음 설명에 알맞은 말을 쓰세요.
• 아프거나 다쳤을 때 가는 곳이다.
• 보건 선생님이 치료를 해 주신다.

보 건 실

해설 보건실은 아플 때 가는 곳으로, 이곳에서 보건 선생님이 치료를 받을 수 있습니다.

◉ 알맞게 선으로 이으세요.

운동장 —— 책을 읽거나 빌리는 곳.

도서관 —— 운동을 하고 학교 행사를 하는 곳.

해설 운동장에서는 운동이나 각종 행사를 진행하고, 도서관에서는 책을 읽거나 빌립니다.

▲ 정답과 해설 8쪽

3회 1주차 ②

나라를 세운
단군

사회

단군
여러 부족들을 합하여 우리나라 최초의 나라인 고조선을 세웠어요.

하늘에 살던 환웅이 비, 구름, 바람을 거느리고 땅으로 내려왔어요. 그런데 곰과 호랑이가 사람이 되고 싶다며 환웅을 찾아왔지요. 환웅은 쑥과 마늘을 먹으며 백 일 동안 햇빛을 보지 말라고 했어요. 호랑이는 동굴을 뛰쳐 나갔지만 곰은 21일을 견뎌 여자인 웅녀가 되었어요. 환웅은 웅녀와 결혼하여 단군을 낳았지요. 그리고 단군은 우리나라 최초의 나라인 고조선을 세웠답니다.

Tip 단군은 우리 민족의 첫 조상으로 일컬어집니다.

어휘 우리나라 최초의 나라인 고조선을 세운 사람은 □□이에요. 단군

나라를 세운 사람들

박혁거세
알에서 태어나 신라를 세웠어요.

왕건
고려를 세우고, 후삼국을 통일했어요.

이성계
고려의 장군이었으며, 조선을 세웠어요.

◉ 알맞게 선으로 이으세요.

신라 ─ 박혁거세
고려 ─ 왕건
조선 ─ 이성계

해설 신라는 박혁거세가, 고려는 왕건이, 조선은 이성계가 세웠습니다.

◉ 다음 설명에 알맞은 말을 쓰세요.

· 고조선을 세운 사람이다.
· 환웅과 웅녀 사이에서 태어났다.

단 군

해설 단군은 환웅과 웅녀 사이에 태어나 고조선을 세웠습니다.

◉ 알맞은 내용에 ○표를 하세요.

단군은 우리나라 최초의 나라를 세웠다. ○

이성계는 원래 신라의 장군이 있다.

해설 이성계는 원래 고려의 장군 출신입니다.

국어

4회 1주차 ①

여러 가지 인사

민주와 엄마가 사람들을 만나 반갑게 인사해요. 민주는 유치원 친구 지호를 만나 인사를 하고, 엄마는 과일 가게 할머니께 인사를 하지요.

그런데 하는 인사가 제마다 달라요. 인사는 만날 때와 헤어질 때가 다르고, 만난 사람이 누구인지에 따라 다른 것 같아요. 하지만 인사를 나누면 사람들과 더욱 친하게 지낼 수 있다는 점은 같아요.

인사
만나거나 헤어질 때에, 미안하거나 고마울 때 하는 말이나 행동을 말해요.

안녕.
친구나 동생과 만나거나 헤어질 때 하는 인사말이에요.

안녕하세요.
웃어른을 만날 때 하는 인사말이에요.

TIP 인사는 상황에 맞게 마음을 담아서 공손하게 해야 합니다.

어휘 누군가와 만나거나 헤어질 때 하는 □□에는 여러 가지가 있어요.

여러 가지 인사

안녕히 계세요.
웃어른과 헤어질 때 하는 인사말이에요.

감사합니다.
웃어른께 고마운 마음을 전할 때 하는 인사말이에요.

고마워.
친구나 동생에게 고마운 마음을 전할 때 하는 인사말이에요.

미안해.
친구나 동생에게 미안한 마음을 전할 때 하는 인사말이에요.

▲ 정답과 해설 9쪽

◉ 인사말에 모두 ○표를 하세요.

안녕하세요.   미안해.   안녕.

좋아.   왜?

해설 '왜?'는 이유를 물을 때, '좋아.'는 좋은 기분을 나타내거나 긍정의 표현을 할 때 씁니다.

◉ 다음 설명에 알맞은 말을 쓰세요.

• 친구나 동생에게 하는 인사말이다.
• 만나거나 헤어질 때 주고받는다.

[안] [녕]

해설 친구와 만나거나 헤어질 때 하는 인사말은 '안녕.'입니다.

◉ 알맞게 선으로 이으세요.

고마워. —— 친구나 동생에게 고마운 마음을 전 할 때 하는 인사말.

미안해. —— 친구나 동생에게 미안한 마음을 전 할 때 하는 인사말.

해설 친구나 동생에게 고마운 마음을 전할 때는 '고마워.', 친구나 동생에게 미안한 마음을 전할 때는 '미안해.'라고 합니다.

1주차
②

4회
안전

교실에서 안전하게 생활해요

교실은 반 친구 모두와 함께 지내는 곳이에요. 그래서 서로 조심해야 안전하게 지낼 수 있어요.

우선 교실 문을 열고 닫을 땐 주의를 살펴요. 또 교실에서 뛰면 안 돼요. 친구와 부딪치거나 책상 모서리에 다칠 수 있거든요. 책상 밖으로 발을 내밀거나, 교실 바닥에 물건을 아무렇게나 놓아서도 안 돼요. 친구가 넘어질 수 있으니 조심해야 한답니다.

TIP 뛰거나 장난을 치다 사고가 나지 않게 주의해야 합니다.

문 주변에서는
문에 기대거나 부딪치지 않도록 주의해 살펴요.

교실 바닥에 물건을 두면
친구가 넘어질 수 있으니 조심해요.

어휘 반 친구들과 공부를 하는 □에서는 안전에 주의해야 해요.
교실

교실에서 하면 안 되는 일
• 책상이나 창문에 올라가면 안 돼요.
• 교실 밖으로 물건을 던지면 안 돼요.
• 친구가 앉으려고 할 때 의자를 빼면 안 돼요.

학교에서 주의할 점

급식실
친구들과 부딪치지 않도록 조심해요.

도서관
시끄럽게 떠들거나, 뛰어다니거나, 장난을 치지 않아요.

보건실
약을 함부로 만지거나 먹지 않아요.

▲ 정답과 해설 10쪽

◎ 알맞은 내용에 ○표를 하세요.

책상 밖으로 발을 내밀지 않는다. [ ]

심심하면 교실 창밖으로 물건을 던진다. [ ]

해설 창밖으로 물건을 던지면 지나가는 사람이 다칠 수도 있습니다.

◎ 다음 설명에 알맞은 말을 쓰세요.

• 친구들과 공부를 하는 곳이다.
• 반 친구들과 함께 지내는 곳이므로 조심해야 한다.

교 □ 실

해설 교실은 친구들과 공부를 하는 곳으로, 안전을 위해서 서로 조심해야 합니다.

◎ 알맞게 선으로 이으세요.

약을 함부로 만지거나 먹지 않는다. — 보건실

친구들과 부딪치지 않도록 조심한다. — 급식실

해설 보건실에서는 약을 함부로 만지거나 먹지 말고, 급식실에서는 친구들과 부딪치지 않도록 조심합니다.

5회

우리나라 대한민국

우리나라의 이름은 대한민국이에요. 아시아의 동쪽에 있으며 세 면이 바다로 둘러싸여 있어요. 우리나라의 깃발은 태극기예요. 삼일절이나 광복절 같은 날 집집마다 걸거나, 올림픽이나 월드컵 때 태극기를 펼치며 응원해요. 그리고 우리나라 노래인 애국가는 공식적인 행사때마다 불러요. 우리나라를 대표하는 꽃은 무궁화인데요, 피고 지고 다시 또 피어서 우리나라의 꽃이 되었어요.

애국가
대한민국을 대표하는 노래예요.

동해물과 백두산이 ♪

태극기
대한민국의 기발로, 네모 난 흰 바탕에 태극 무늬가 있어요.

무궁화
대한민국의 나라 꽃이에요.

ℹ️ 우리나라의 이름은 □□□이에요. **대한민국**

💡 대한민국은 한반도와 부속 섬들로 이루어진 나라입니다.

우리나라를 대표하는 것

한글
세종대왕이 만든 우리나라 고유의 글자예요.

태권도
손발을 사용하여 겨루는 우리나라 고유의 무술이에요.

한복
선이 아름다운 우리나라 고유의 옷이에요.

김치
소금에 절인 채소에 양념을 버무려 만든 우리나라 고유의 음식이에요.

◎ 우리나라를 대표하는 것에 모두 ○표를 하세요.

(태권도) 장미 영어

(무궁화) 기모노 (태극기)

📝 장미와 영어, 기모노는 우리나라를 대표하는 것이 아닙니다.

◎ 다음 설명에 알맞은 말을 쓰세요.

대한민국을 대표하는 노래이다.

애	국	가

📝 애국가는 대한민국의 국가입니다.

◎ 알맞게 선으로 이으세요.

한글 ╳ 우리나라 고유의 음식.

김치 ╳ 우리나라 고유의 글자.

📝 김치는 우리나라 고유의 음식이고, 한글은 우리나라 고유의 글자입니다.

▲ 정답과 해설 11쪽

5회
1주차 ②

우리 옷 한복

사회

한복은 우리나라 사람들이 오래전부터 입던 우리 옷이에요. 지금은 설날이나 추석, 특별한 날에 한복을 입어요. 여자는 저고리와 치마를 입고, 남자는 저고리와 바지를 입었어요. 날씨가 추워지면 저고리 위에 배자를 입었고요. 집 밖을 나갈 때에는 두루마기를 입었어요. 또 머리는 댕기나 비녀 따위로 장식을 했고, 발에는 버선을 신었답니다.

TIP 한복은 몸을 너낙하여 몸을 조이지 않고 바람도 잘 통하는 건강한 옷입니다.

저고리
남자와 여자
한복의 윗옷이
에요.

치마
저고리와 함께 입는 여자
한복의 아래옷이에요.

바지
저고리와 함께 입는 남자
한복의 아래옷이에요.

이해 설날이나 추석에는 우리나라 고유의 옷인 □□을 입어요.
한복

◉ 알맞게 선으로 이으세요.

| 저고리 | → | 한복의 윗옷. |
| 치마 | → | 여자 한복의 아래옷. |

해설 한복의 윗옷은 저고리이고, 여자 한복의 아래옷은 치마입니다.

◉ 버선에 대한 설명에 ○표를 하세요.

발을 보호하기 위해 신는다. (○)

발을 시원하게 하려고 신는다. (□)

해설 버선은 발을 보호하기 위해 신었습니다.

◉ 다음 설명에 알맞은 말을 쓰세요.

· 저고리 위에 입는 한복이다.
· 소매가 없는 모양이다.
· 날씨가 추울 때 입는다.

배 자

해설 배자는 추울 때 저고리 위에 입었던 소매가 없는 웃옷입니다.

한복과 관련된 것

버선
발을 보호하고, 발
모양을 예뻐 보이게
하려고 신어요.

댕기
길게 땋은 머리끝
에 매는 고운 빛깔의
끈이에요.

배자
날이 추워지면 저
고리 위에 덧입는 소
매 없는 웃옷이에요.

두루마기
집 밖에 나갈 때 예
의를 갖추기 위해 입
는 겉옷이에요.

▲ 정답과 해설 12쪽

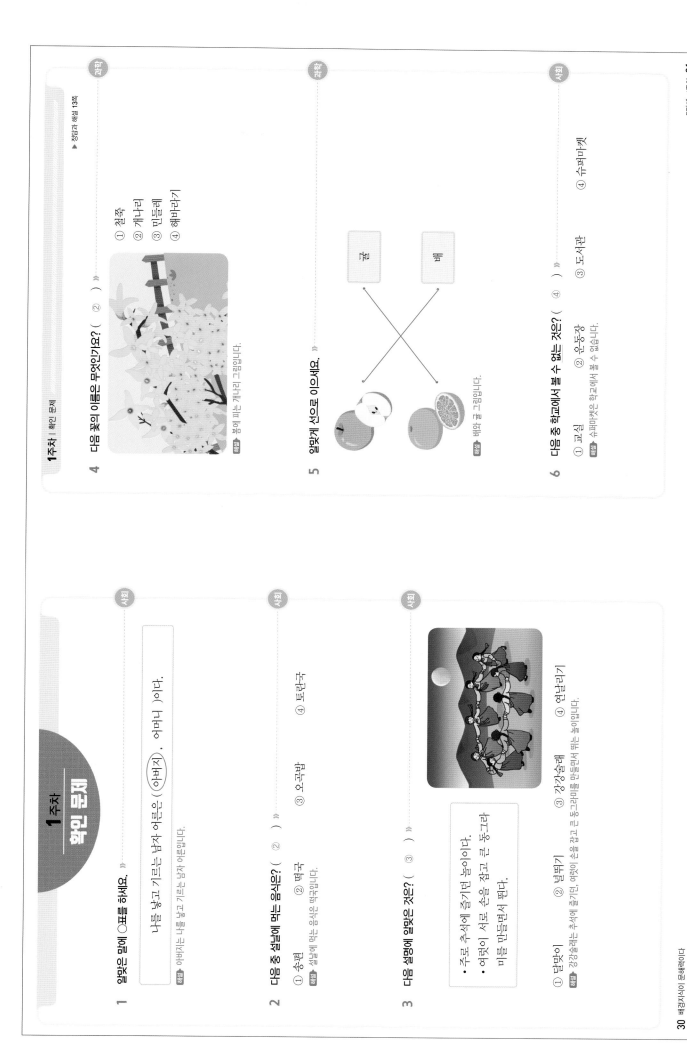

1주차
확인 문제

1 알맞은 말에 ○표를 하세요. >>

사회

나를 낳고 기르는 남자 어른은 (아버지 , 어머니)이다.

해설 아버지는 나를 낳고 기르는 남자 어른입니다.

2 다음 중 설날에 먹는 음식은? (②) >>

사회

① 송편   ② 떡국   ③ 오곡밥   ④ 토란국

해설 설날에 먹는 음식은 떡국입니다.

3 다음 설명에 알맞은 것은? (③) >>

사회

- 주로 추석에 즐기던 놀이이다.
- 여럿이 서로 손을 잡고 큰 동그라미를 만들면서 뛴다.

① 달맞이   ② 널뛰기   ③ 강강술래   ④ 연날리기

해설 강강술래는 추석에 즐기던, 여럿이 손을 잡고 큰 동그라미를 만들면서 뛰는 놀이입니다.

4 다음 꽃의 이름은 무엇인가요? (②) >>

과학

① 철쭉
② 개나리
③ 민들레
④ 해바라기

해설 봄에 피는 개나리 그림입니다.

5 알맞게 선으로 이으세요. >>

과학

귤

배

해설 귤 그림입니다.

6 다음 중 학교에서 볼 수 없는 것은? (④) >>

사회

① 교실   ② 운동장   ③ 도서관   ④ 슈퍼마켓

해설 슈퍼마켓은 학교에서 볼 수 없습니다.

▶ 정답과 해설 13쪽

1주차 | 확인 문제

1주차 | 확인 문제

▲ 정답과 해설 14쪽

10 다음 설명에 알맞은 것은? (④)

• 우리나라 고유의 무술이다.
• 주로 손발을 사용해서 겨룬다.

① 검도 ② 유도 ③ 권투 ④ 태권도

해설 태권도는 우리나라 고유의 무술로, 주로 손발을 사용하여 겨룹니다.

11 다음 중 우리나라를 대표하는 것은? (③)

① 배함 ② 성조기 ③ 애국가 ④ 햄버거

해설 애국가는 우리나라의 노래입니다.

12 알맞게 선으로 이으세요.

땡기

두루마기

해설 땡기와 두루마기 그림입니다.

1주차 | 확인 문제

7 알맞은 말에 ○표를 하세요.

(왕건 . (단군))은 우리나라 최초의 나라인 고조선을 세웠다.

해설 단군은 우리나라 최초의 나라인 고조선을 세웠습니다.

8 다음 설명에 알맞은 인사말은? (②)

• 웃어른께 하는 인사말이다.
• 고마운 마음을 전할 때 쓴다.

① 안녕하세요. ② 감사합니다. ③ 미안합니다. ④ 안녕히 계세요.

해설 웃어른께 고마움을 전할 때 하는 인사말은 '감사합니다.'입니다.

9 교실에서 하는 바른 행동에 모두 ○표를 하세요.

(1) 책상이나 창문에 올라가지 않는다.
(2) 교실 바닥에 물건을 아무렇게나 놓지 않는다.
(3) 친구가 앉으려고 할 때, 의자를 살짝 빼 놓는다.

해설 친구가 앉으려고 할 때, 의자를 빼면 절대로 안 됩니다. 친구가 다칠 수도 있습니다.

▶ 정답과 해설 15쪽

1주차
정리 학습

사회 함께 사는 가족

아버지
엄마
동생
어머니

사회 즐거운 우리 명절

추석
설날

새해 복 많이 받으세요.

과학 예쁜 꽃이 피었어요

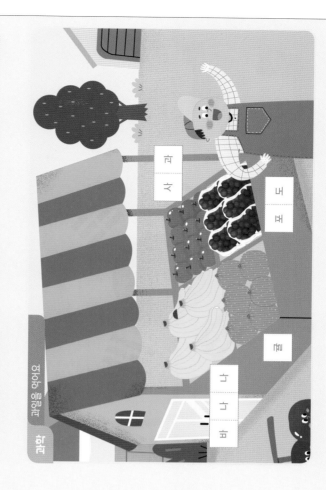

벚꽃
개나리

과학 과일을 먹어요

사과
포도
귤
바나나

2

주차

정답과 해설

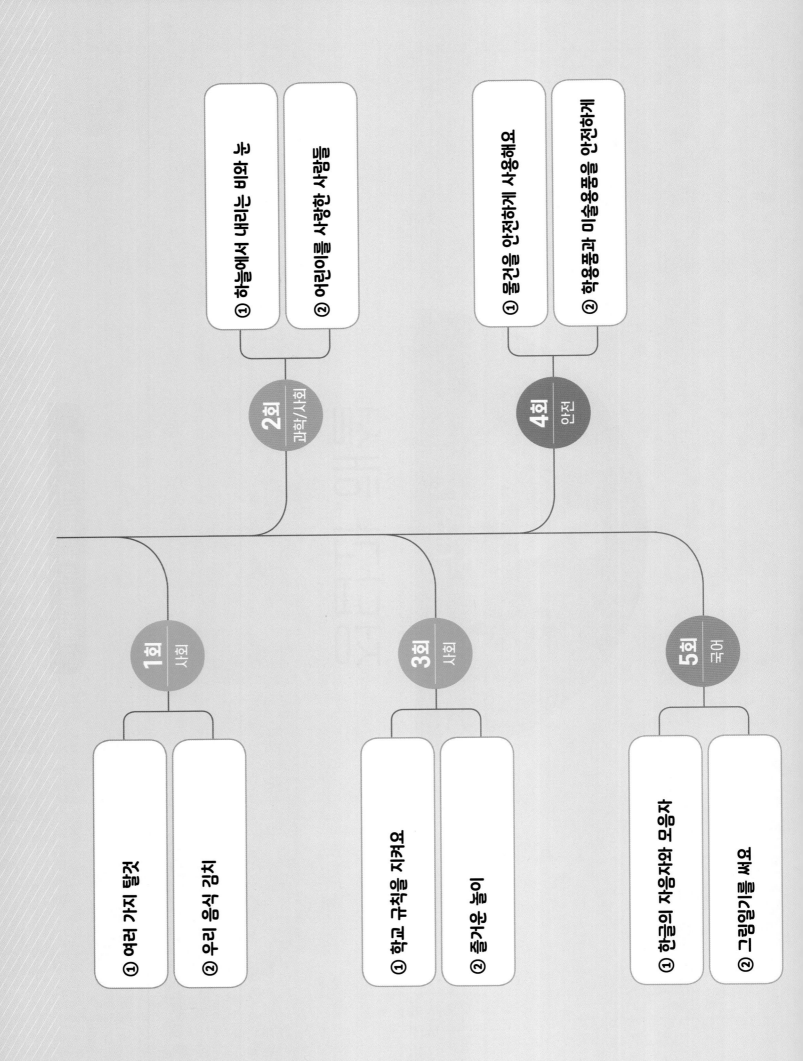

2회 과학/사회
① 하늘에서 내리는 비와 눈
② 사랑한 사람들 사이에요

4회 안전
① 물건을 안전하게 사용해요
② 학용품과 미술용품을 안전하게

1회 사회
① 여러 가지 탈것
② 우리 음식 김치

3회 사회
① 학교 규칙을 지켜요
② 즐거운 놀이

5회 국어
① 한글의 자음자와 모음자
② 그림일기를 써요

여러 가지 탈것

나는 하늘을 날고 있어요. 제주도에 가는 비행기를 탔거든요. 제주도는 섬이라 배를 타고 갈 수도 있지만 비행기를 타야 빨리 갈 수 있대요.

창밖을 내다보니, 여러 가지 탈것이 보여요. 물위를 다니는 커다란 배도, 기다란 기차도 한눈에 보여요. 자동차는 순둥만큼 작아 보여요. 마치 내가 하늘을 나는 새가 된 것 같아요.

탈것
자동차, 배, 비행기 등등 사람이 타고 다니는 걸 말해요.

비행기
하늘을 나는 탈것이에요.

TIP 탈것의 발달은 사람들의 생활을 많이 변화시켰습니다.

이해 ▶ 사람이 타고 다니는 물건을 □□이라고 해요. 탈것

여러 가지 탈것

자전거
사람이 바퀴를 굴려서 가게 하는 탈것이에요.

자동차
석유, 가스, 전기의 힘으로 바퀴를 굴려서 가게 만든 탈것이에요.

기차
철길을 따라 달리는 기다란 탈것이에요.

배
물위를 다니는 탈것이에요.

▲ 정답과 해설 19쪽

◉ 탈것에 모두 ○표를 하세요.

자전거 / 썰매 / 자동차 / 구름 / 비행기 / 배

해설 자전거, 자동차, 비행기, 배처럼 사람이 타고 다니는 것을 탈것이라고 합니다.

◉ 알맞은 내용에 ○표를 하세요.

기차는 하늘을 나는 탈것이다.

배는 물위를 다니는 탈것이다.

해설 기차는 철길을 따라 달리는 기다란 탈것입니다.

◉ 알맞은 말에 ○표를 하세요.

자전거는 사람이 (바퀴 , 날개)를 굴려서 가게 하는 탈것이다.

해설 자전거는 사람이 페달을 밟아 바퀴를 굴려서 가게 하는 탈것입니다.

배경지식이 문해력이다_P단계 정답과 해설 20

1회   2주차 ②

사회

우리 음식 김치

오늘은 김장하는 날이에요. 김장은 추운 겨울 동안 먹을 김치를 한꺼번에 많이 만드는 것을 말해요. 우리 조상들부터 내려온 오랜 전통이지요.

김치는 소금에 절인 채소와 고춧가루, 여러 가지 양념으로 만들어요. 김치는 주인공 재료에 따라 배추김치, 총각김치, 깍두기, 오이소박이, 동치미 등 종류가 다양해요. 그리고 지역에 따라 김치의 종류도 여러 가지예요.

Tip▶ 김치는 장과 더불어 우리나라를 대표하는 발효 음식입니다.

김치
소금에 절인 채소에 고춧가루와 여러 가지 양념을 버무려 만든 우리나라 음식이에요.

배추김치
배추를 소금에 절여 고춧가루와 양념을 넣어 만든 김치예요.

깍두기
무를 네모지게 썰어 소금에 절이고, 양념을 넣어 만든 김치예요.

이해▶ 소금에 절인 채소에 고춧가루와 양념을 넣어 만든 우리나라 음식을 □라고 해요.
김치

여러 가지 김치

동치미
무를 통째로 소금물에 담가 만든 김치예요.

오이소박이
오이의 허리를 갈라 속에 여러 양념을 넣은 김치예요.

총각김치
무청이 달린 총각무로 담근 김치예요.

백김치
고춧가루를 쓰지 않거나 적게 써서 하얗게 담근 김치예요.

◎ 알맞은 말에 ○표를 하세요.

추운 겨울 동안 먹기 위해 많은 김치를 담그는 것을 (**김장**, 간장)이라고 한다.

해설▶ 추운 겨울 동안 먹기 위해 많은 김치를 담그는 일을 김장이라고 합니다.

◎ 김치에 모두 ○표를 하세요.

배추김치   동치미   피클
깍두기   단무지

해설▶ 배추김치, 깍두기, 동치미는 김치의 한 종류입니다. 피클과 단무지는 절임 음식이지만 김치는 아닙니다.

◎ 알맞게 선으로 이으세요.

총각김치 —— 무청이 달린 총각무로 담근 김치.

백김치 —— 고춧가루를 쓰거나 쓰지 않게 적게 써서 담근 김치.

해설▶ 총각김치는 총각무로 담근 김치이며, 백김치는 고춧가루를 쓰지 않거나 적게 써서 담근 김치입니다.

2회

2주차 ①

비와 눈
하늘에서 내리는

과학

수아는 비 오는 날도 좋아하고, 눈 오는 날도 좋아해요.
비가 오는 날에는 우산을 쓰고 밖으로 나가요. 톡톡
빗방울 떨어지는 소리가 정말 좋아요. 장화를 신고 물웅
덩이를 참방거려도 재미있어요.
눈이 오는 날에는 장갑을 끼고, 목도리를 두르고, 밖으
로 나가요. 하얀 눈을 맞으며 오빠와 눈사람을 만들기
나 눈싸움을 해요. 아무리 추워도 문제없어요.

비
구름에서 떨어지는 물방울이에
요. 날이 따뜻할 때 비가 나
려요.

눈
구름에서 떨어지는 얼음 알
갱이예요. 날이 추울
때에 눈이 내려요.

어휘 날이 따뜻할 때는 □가 내리고, 날이 추울 때는 □이 내려요.

비가 올 때 필요한 물건

우산
머리 위를 가려서 비
를 막아 주어요.

장화
비가 올 때 신는 신발
로, 물이 새지 않아요.

눈이 올 때 필요한 물건

장갑
손을 보호하거나 추
위를 막기 위해 손에
끼는 물건이에요.

목도리
추위를 막기 위해 목
에 둘러요.

◉ 비가 올 때 필요한 물건에 모두 ○표를
하세요.

(우산)　목도리　장갑　(장화)

해설 비가 올 때에는 비를 막기 위해 우산과 장화가 필요
합니다.

◉ 눈에 대한 설명에 ○표를 하세요.

구름에서 떨어지는 물방울을
이다. □

구름에서 떨어지는 얼음 알갱
이다. ◉

해설 눈은 날씨가 추울 때 구름에서 떨어지는 얼음 알갱이
입니다.

◉ 다음 설명에 알맞은 말을 쓰세요.

· 추위를 막기 위해 손에 끼는 물건이다.
· 손을 보호하기 위해 사용하기도 한다.

장갑

해설 장갑은 손을 보호하거나 추위를 막기 위해 손에 끼는
물건입니다.

2회 2주차 ②

어린이를 사랑한 사람들

사회

200여 년 전만 해도 어린이들은 힘들게 지냈어요. 고된 일에 시달리거나, 너무 엄한 교육을 받아야 했기 때문이지요. 그런데 마리아 몬테소리라는 어린이를 하나의 사람으로 귀하게 여기고 어린이 눈높이에 맞는 교육을 시작했어요. 방정환은 어린이를 어린이로 높여 부르며 존중했지요. 두 분 모두 어린이를 진정 사랑하고 아꼈답니다.

어린이 교육에 힘쓴 사람들

요한 페스탈로치
고아나 가난한 어린이를 위한 교육에 힘썼어요.

프리드리히 프뢰벨
처음으로 유치원을 만들었어요.

어린이를 위한 어린이날

어린이날은 어린이가 존중받으며 행복하게 지낼 수 있도록 만든 날이에요. 방정환은 색동회에서 만들었어요.

방정환
어린이를 위한 노래를 쓰고, 잡지도 만드는 등 어린이를 위한 운동에 앞장섰어요.

마리아 몬테소리
어린이에게 맞는 교육 도구를 만들어 어린이 스스로 배우고 깨우칠 수 있게 했어요.

TIP 어린이라는 말을 쓰며, 어린이를 인간으로 존중하신 분은 □□□이에요. 방정환

이해 어린이라는 말을 처음 쓰며 일제 강점기 지역 어린이를 가리키는 말이니

▶ 정답과 해설 22쪽

◉ 마리아 몬테소리에 대한 설명에 ○표를 하세요.

- 어린이를 함부로 대했다. [ ]
- 어린이에게 맞는 교육 도구를 만들었다. [◉]

해설 마리아 몬테소리는 어린이를 하나의 사람으로 귀하게 여겼습니다.

◉ 다음 설명에 알맞은 말을 쓰세요.

- 어린이 운동에 앞장선 사람이다.
- 어린이를 존중하는 의미를 담은 어린이로 불렀다.

방 / 정 / 환

해설 방정환은 어린이를 어린이로 부르며 존중했으며, 어린이 운동에 앞장섰습니다.

◉ 알맞은 말에 ○표를 하세요.

(어린이날, 어린이의 날)은 어린이가 존중받으며 행복하게 지낼 수 있도록 만든 날이다.

해설 어린이날은 어린이가 존중받으며 행복하게 지낼 수 있도록 만든 날입니다.

3회

2주차 ①

사회

학교 규칙을 지켜요

모두가 안전하고 즐겁게 생활하기 위해서는 지켜야 할 것들이 있어요. 이것을 규칙이라 해요. 학교처럼 여럿이 생활하는 곳에서 안전하게 지내려면 규칙을 잘 지켜야 해요. 특히 복도와 계단에서 규칙을 잘 지켜야 하지요. 복도나 계단에서 친구들이 많이 모이는 곳에서 다치기 쉽거든요. 복도에서는 뛰거나 장난치지 말고, 계단은 뛰지 말고 한 칸씩 천천히 오르내려야 한답니다.

Tip 계단이나 복도에서는 우측통행을 하는 것이 안전합니다.

계단을 다닐 때는
한 칸씩 천천히 오르내리고, 계단 손잡이로 미끄럼 타지 않아요.

복도를 다닐 때는
뛰거나 장난치지 않아요.

이해▶ 학교의 복도나 계단을 다닐 때는 다치지 않도록 규칙을 □□을 잘 지켜야 해요.
규칙

학교에서 지켜야 할 규칙

운동장에서는
• 맨발로 다니지 않아요.
• 친구에게 모래를 뿌리지 않아요.

화장실에서는
• 물장난을 하지 않아요.
• 변기나 세면대 위에 올라가지 않아요.

실험실에서는
• 선생님 말씀을 잘 따라요.
• 화학 약품을 만지거나, 냄새 맡거나, 맛보지 않아요.

◉ 다음은 학교 어디에서 지켜야 할 규칙인지 쓰세요.

| • 선생님 말씀을 잘 따라야 한다. |
| • 화학 약품을 만지거나, 냄새 맡거나, 맛보지 않는다. |

[실] [험] [실]

해설 실험실에는 위험한 물건들이 많으므로 선생님의 지시에 잘 따르고, 화학 약품을 함부로 만지지 않아야 합니다.

◉ 규칙을 바르게 지키는 것에 ○표를 하세요.

□ 복도에서는 신나게 뛰어다닌다.

○ 계단은 한 번에 오르내린다.

해설 복도와 계단에서는 뛰지 않아야 하며, 계단은 한 칸씩 오르내려야 합니다.

◉ 알맞게 선으로 이으세요.

변기나 세면대 위에 올라가지 않는다. · — · 화장실

친구에게 모래를 뿌리지 않는다. · — · 운동장

해설 화장실에서는 변기나 세면대 위에 올라가지 않고, 운동장에서는 친구에게 모래를 뿌리지 않아야 합니다.

2주차 ②
사회

3회
즐거운 놀이

재민이가 딱지를 한 아름 안고 놀이터에 갔어요. 재민이는 친구들을 향해 소리쳤어요.

"얘들아, 딱지치기하자."

친구들이 재민이 곁으로 모여들었어요. 재민이와 친구들은 신나게 딱지를 쳤어요. 이마에 땀이 송골송골 맺히고 즐거움도 뭉글뭉글 솟아났지요. 재민이와 친구들은 공기놀이도 하고, 술래잡기와 땅따먹기도 했답니다.

딱지치기
딱지를 쳐서 상대편 딱지가 뒤집히면 딱지를 위집는 놀이예요.

이해 딱지치기는 □□를 쳐서 상대편 딱지를 위집는 놀이예요. 딱지

여러 가지 놀이

공기놀이
작은 돌을 위로 던지고 집거나 받는 놀이예요.

땅따먹기
돌을 튕겨서 자기 땅을 많이 만들면 이기는 놀이예요.

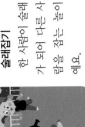

술래잡기
한 사람이 술래가 되어 다른 사람을 잡는 놀이예요.

꼬리잡기
꼬리를 달고 자신의 꼬리를 지키면서 다른 사람의 꼬리를 빼내면 이기는 놀이예요.

▶ 정답과 해설 24쪽

◎ 다음 설명에 알맞은 말을 쓰세요.

• 돌을 튕겨서 하는 놀이이다.
• 자기 땅을 많이 만들면 이긴다.

| 땅 | 따 | 먹 | 기 |

해설 땅따먹기는 돌을 튕겨서 자기 땅을 많이 만들면 이기는 놀이입니다.

◎ 알맞은 내용에 ○표를 하세요.

공기놀이는 작은 돌을 멀리 던지는 놀이이다. [ ]

딱지치기는 딱지를 쳐서 상대편 딱지를 뒤집으면 이기는 놀이이다. [○]

해설 공기놀이는 작은 돌을 위로 던지고 집거나 받는 놀이입니다.

◎ 알맞은 말에 ○표를 하세요.

(술래잡기 , 꼬리잡기)는 한 사람이 술래가 되어 다른 사람을 잡는 놀이이다.

해설 술래잡기는 한 사람이 술래가 되어 다른 사람을 잡는 놀이입니다.

4회 2주차 ①

물건을 안전하게 사용해요

안전

나는 책을 좋아해요. 책에는 재미있는 이야기가 가득 담겨 있거든요. 오늘도 책을 읽으려고 책장을 펼쳤어요. 그런데 날카로운 손가락을 베었어요. 너무 쓰리고 아팠어요. 화가 나서 다른 책을 꺼내다가 책 모서리에 찧었어요. 책을 넘길 때도 조심, 책을 꺼낼 때도 조심해야 했는데…… 나는 앞으로 물건을 쓸 때 조심해야겠다고 생각했어요.

이해 물건을 쓸 때는 다치지 않게 조심해요.

책을 볼 때는
• 책장을 넘길 때 손을 베이지 않도록 조심해요.
• 책 모서리에 다치지 않도록 조심해요.

Tip 물건을 던지면 매우 위험합니다.

물건 안전하게 사용하기

장난감은 던지거나, 밟지 않도록 조심해요.

포크는 날카로운 부분에 찔리지 않게 조심해요.

우산은 뾰족한 부분이 아래로 오게 들어요.

◉ 알맞은 내용에 ○표를 하세요.

장난감은 신나게 던진다. [ ]

포크의 날카로운 부분에 찔리지 않게 조심한다. [○]

해설 장난감을 던지면 매우 위험합니다.

◉ 다음 설명에 알맞은 말을 쓰세요.

[책]

• 글, 그림이 있는 종이를 여러 장 겹쳐 묶은 물건이다.
• 책 모서리에 다치지 않게 조심한다.
• 책장에 손을 베이지 않도록 조심한다.

해설 책을 볼 때는 책장에 손을 베이지 않도록 조심하고, 책 모서리에 다치지 않게 조심합니다.

◉ 알맞은 말에 ○표를 하세요.

우산은 뾰족한 부분이 (위 , 아래)로 오게 든다.

해설 우산은 손잡이를 위로, 뾰족한 부분이 아래로 오게 듭니다.

▶ 정답과 해설 26쪽

4회 2주차 ②

학용품과 미술용품을 안전하게

안전

동생과 엄마의 생일 카드를 만들었어요. 도화지에 크레파스로 그림을 그리고 예쁘게 색칠했어요. 그리고 연필로 편지도 썼지요. 그런데 동생이 크레파스를 콧구멍에 넣었다 입에 물었다 하며 장난을 쳤어요. 물건을 다 쓰고서 정리도 안 하고, 크레파스가 묻은 손으로 과자도 먹었지요. 동생에게 학용품과 미술용품을 안전하게 사용하는 방법을 알려 주어야겠어요.

크레파스를 쓸 때는
• 코나 입에 집어넣지 않아요.
• 다 쓰면 바로 정리해요.
• 몸에 묻으면 묻은 곳을 깨끗이 닦아요.

이해 종이나 접착제, 감정 같은 학용품도 어른과 함께 사용합니다.

크레파스를 □나 □에 넣으면 안 돼요.
코   입

학용품과 미술용품을 안전하게 사용하기

연필
연필심이 바닥을 향하도록 잡고, 연필심에 찔리지 않게 조심해요.

가위
가위를 전네줄 때는 손잡이가 반드시 사람을 향하게 해요.

더 알아두기
학용품과 미술용품을 사용하면 바로 정리해요. 굴러다니는 것을 밟으면 크게 다칠 수 있어요.

◎ 알맞은 말에 ○표를 하세요.

가위를 전네줄 때는 (손수레 . (손잡이))가 반드시 사람을 향하게 한다.

해설 가위를 전네 줄 때는 가위를 접어서 가윗날을 잡고 손잡이가 반드시 사람을 향하도록 합니다.

◎ 다음 설명에 알맞은 말을 쓰세요.

• 그림을 그리는 물건이다.
• 코나 입에 넣으면 안 된다.
• 다 쓰면 바로 정리해야 한다.

| 크 | 레 | 파 | 스 |

해설 크레파스는 코나 입에 넣으면 안 되고, 다 쓰면 바로 정리하고, 묻으면 깨끗이 닦아야 합니다.

◎ 알맞은 내용에 ○표를 하세요.

연필심에 찔리지 않게 조심 한다. [　]

학용품과 미술용품을 사용한 뒤 그냥 내버려 둔다. [○]

해설 학용품과 미술용품을 사용하면 바로 정리하고 굴러다니는 것을 밟으면 다칠 수 있기 때문입니다.

5회 2주차 ①

국어

한글의 자음자와 모음자

한글은 세종대왕이 백성들을 위해 만든 문자예요. 지금 우리가 쓰는 글자가 바로 한글이지요. 한글에는 14개의 자음자와 10개의 모음자가 있어요. 그리고 자음자와 모음자를 합하면 소리 나는 대로 글자를 쓸 수 있어요. 하지만 자음자만 있거나, 모음자만 있으면 글자를 만들 수 없어요. 자음자가 왼쪽이나 위쪽에, 모음자가 오른쪽이나 아래쪽에 있어야 글자가 됩니다.

한글 자음자

ㄱ 기역	ㄴ 니은	ㄷ 디귿	ㄹ 리을	ㅁ 미음
ㅂ 비읍	ㅅ 시옷	ㅇ 이응	ㅈ 지읒	ㅊ 치읓
		ㅌ 티읕	ㅍ 피읖	ㅎ 히읗

이해 한글에는 14개의 □□□와 10개의 □□□가 있어요.
자음자　　　모음자

한글 모음자

ㅏ 아	ㅓ 어
ㅑ 야	ㅕ 여
ㅗ 오	ㅛ 요
ㅜ 우	ㅠ 유
ㅡ 으	ㅣ 이

한글 쓰기

한글을 쓸 때에는 위에서 아래로 쓰고, 왼쪽에서 오른쪽으로 써요.

글 ② ③ / ㅇ ① / ㅏ ② ①③

◉ 다음 설명에 알맞은 말을 쓰세요.

• 세종대왕이 만든 문자이다.
• 지금 우리가 쓰는 글자이다.

[한 글]

해설 한글은 세종대왕이 만든 문자로 지금 우리가 쓰는 글자입니다.

◉ 알맞게 선으로 이으세요.

ㄱ — 기역
ㅇ — 티읕
ㅌ — 이응

해설 ㄱ은 기역, ㅇ은 이응, ㅌ은 티읕이라 읽습니다.

◉ 알맞은 내용에 ○표를 하세요.

한글의 모음자는 10개이다. 〔○〕

한글을 쓸 때에는 아래에서 위로 쓴다. 〔□〕

해설 한글의 모음자는 10개이다. 한글을 쓸 때에는 위에서 아래로 씁니다.

5회 2주차 ②

그림일기를 써요

국어

그림일기란 하루 동안 있었던 일을 그림과 글로 나타낸 것이에요.

그림일기를 쓸 때에는 제일 먼저 날짜와 요일, 날씨를 적어요. 그래야 언제 있었던 일인지 알 수 있거든요. 그리고 쓰고 싶은 내용을 그림으로 그리고, 글로 써요. 오늘 있었던 일 중 기억에 가장 많이 남았던 일을 쓰면 된답니다.

그림일기를 쓰는 방법

기억에 남는 일을 골라요.
오늘 하루 겪었던 일 중 기억에 남는 일을 골라요.

날짜, 요일, 날씨를 써요.
맨 위에 정확한 날짜와 요일, 날씨를 써요.

중요한 장면을 그림으로 그려요.
오늘 있었던 일 중에서 그림일기로 쓰려고 하는 장면을 그림으로 그려요.

내용을 글로 써요.
오늘 있었던 일 중에서 중요한 내용과 그 일에 대한 자신의 생각이나 느낌을 글로 써요.

그림일기를 쓰면 좋은 점
중요한 일을 오래 기억할 수 있고, 그때의 생각이나 느낌을 다시 떠올릴 수 있어요.

맞아! 글자 세기가 점점 예뻐져.

20**년 나월 나일 ○요일   날씨 햇빛과 함께 내린 비

늘	가	이	터	에	서
계	속	비	를		
래	서	엄	마	에	게

TIP 일기는 오늘 있었던 일과 그 일에 대한 생각이나 느낌을 쓴 글을 말하고, 그림일기는 그림을 함께 그린 일기를 말합니다.

이해 하루 동안 있었던 일을 그림과 글로 나타낸 것이 □□□예요. 그림일기

▲ 정답과 해설 28쪽

◉ 알맞은 말에 ○표를 하세요.

하루 동안 있었던 일 중에서 가장 기억에 남는 일을 그림과 글로 나타낸 것을 (**그림일기**), 동시)라고 한다.

해설 그림일기는 하루 동안 있었던 일 중에서 가장 기억에 남는 일을 그림과 글로 나타낸 것입니다.

◉ 그림일기에 들어갈 내용에 모두 ○표를 하세요.

| (날씨) | 시간 | 사진 |
| (날짜) | 쓰는 장소 | (요일) |

해설 그림일기에는 날짜와 요일, 날씨, 그림과 글을 꼭 써야 하나다.

◉ 그림일기를 쓰면 좋은 점에 ○표를 하세요.

[ ] 중요한 일을 오래 기억할 수 있다.

[○] 있었던 일을 재미있게 꾸며 이야기할 수 있다.

해설 그림일기를 쓰면 중요한 일을 오래 기억할 수 있습니다.

2주차 | 확인 문제

▶ 정답과 해설 29쪽

4 다음 설명에 알맞은 것은? (①)

> • 하늘에서 내린다.
> • 날이 추울 때 내린다.
> • 구름에서 떨어지는 얼음 알갱이이다.

① 눈　　② 비　　③ 우박　　④ 고드름

해설 눈은 추울 때 하늘에서 내리는 얼음 알갱이입니다.

5 다음 그림에 대한 설명으로 알맞은 것은? (③)

① 목에 두른다.
② 손을 보호해 준다.
③ 비가 올 때 필요하다.
④ 몸을 따뜻하게 해 준다.

해설 우산과 장화는 비 올 때 필요한 물건입니다.

6 어린이를 존중하는 의미를 담아 어린이로 부른 사람은 누구인가요? (②)

① 한석봉　② 방정환　③ 강감찬　④ 이순신

해설 방정환은 어린이란 말을 사용했습니다.

2주차
확인 문제

1 다음의 탈것은 무엇인가요? (①)

① 배
② 기차
③ 비행기
④ 자동차

해설 그림은 물위를 다니는 배입니다.

2 알맞은 말에 ○표를 하세요.

((김치) , 화채)는 소금에 절인 채소에 고춧가루와 여러 가지 양념을 버무려 만든 우리 음식이다.

해설 화채는 우리나라 전통 음료입니다.

3 알맞게 선으로 이으세요.

오이소박이

동치미

해설 동치미와 오이소박이의 사진입니다.

2주차 | 확인 문제

▶ 정답과 해설 30쪽

10 학용품과 미술용품을 사용하는 방법으로 바르지 않은 것은? (④) 〔안전〕

① 연필심에 찔리지 않도록 조심한다.
② 크레파스는 코나 입에 집어넣지 않는다.
③ 학용품과 미술용품을 사용하면 바로 정리한다.
④ 가위를 건네줄 때는 가윗날이 반드시 사람을 향하게 한다.

해설 가위를 건네줄 때는 손잡이가 반드시 사람을 향해야 합니다.

11 알맞게 선으로 이으세요. 〔국어〕

나은	ㅏ
기음	ㄴ
아	ㅋ

해설 ㅏ는 아, ㄴ은 나은, ㅋ은 기음이라고 읽습니다.

12 다음 설명에 알맞은 것은? (②) 〔국어〕

- 세종대왕이 만든 문자이다.
- 우리나라의 고유 글자이다.
- 자음자와 모음자를 합하면 소리 나는 대로 쓸 수 있다.

① 한자　② 한글　③ 알파벳　④ 히라가나

해설 한글은 세종대왕이 만든 우리나라 고유의 글자입니다.

2주차 | 확인 문제

7 학교에서 지켜야 할 규칙에 모두 ○표를 하세요. 〔사회〕

(1) 화장실에서 물장난하지 않는다.
(2) 복도에서는 뛰거나 장난치지 않는다.
(3) 운동장에서 친구와 모래를 뿌리며 장난친다.

해설 운동장에서 친구에게 모래를 뿌리면 안 됩니다.

8 다음 설명에 알맞은 놀이는? (③) 〔사회〕

작은 돌을 위로 던지고 집거나
바닥에 놓는 놀이이다.

① 꼬리잡기　② 술래잡기　③ 공기놀이　④ 딱지치기

해설 공기놀이는 작은 돌을 위로 던지고 집거나 바닥에 놓는 놀이입니다.

9 알맞은 말에 ○표를 하세요. 〔안전〕

(마이크 , 포크)는 날카로운 부분에 찔리지 않게 조심한다.

해설 포크를 쓸 때는 날카로운 부분에 찔리지 않도록 조심합니다.

▲ 정답과 해설 31쪽

과학
하늘에서 내리는 비와 눈

비

눈

사회
학교 규칙을 지켜요

계 단

복 도

2주차
정리 학습

사회
여러 가지 탈것

비 행 기

사회
우리 음식 김치

김 치

안전

학용품과 미술용품을 안전하게

▶ 정답과 해설 32쪽

ㅌ 레 파 스

국어

한글의 자음자와 모음자

한글 자음자

사회

즐거운 놀이

막 지 치 기

안전

물건을 안전하게 사용해요

책

3

주차

정답과 해설

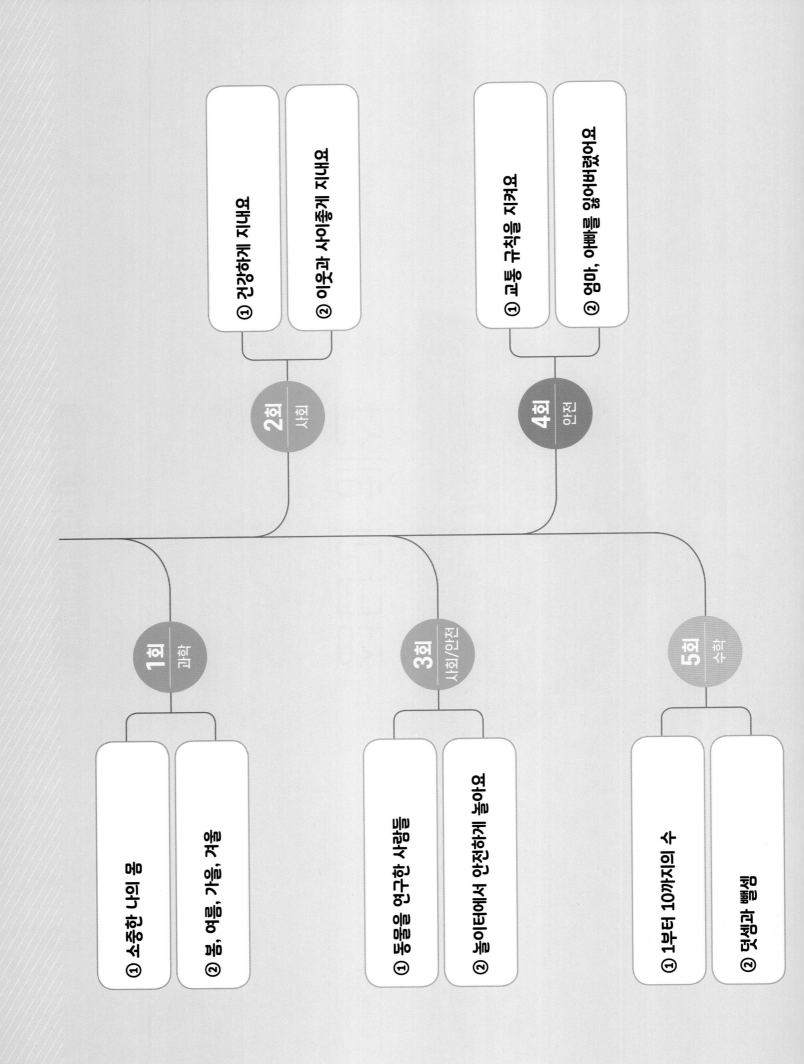

2회 사회
① 건강하게 지내요
② 이웃과 사이좋게 지내요

4회 안전
① 교통 규칙을 지켜요
② 엄마, 아빠를 잃어버렸어요

1회 과학
① 소중한 나의 몸
② 봄, 여름, 가을, 겨울

3회 사회/안전
① 동물을 연구한 사람들
② 놀이터에서 안전하게 놀아요

5회 수학
① 1부터 10까지의 수
② 덧셈과 뺄셈

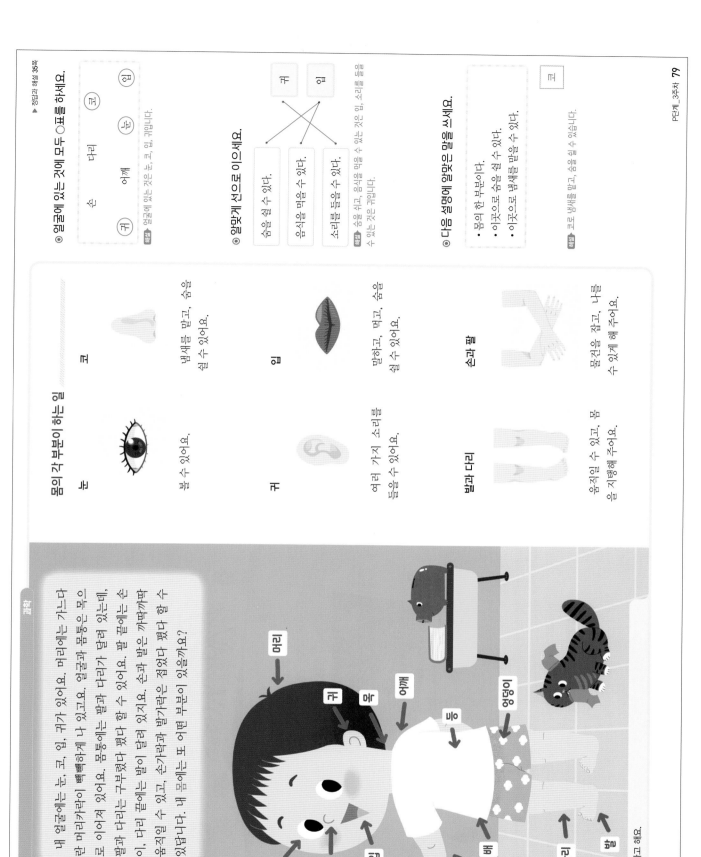

과학

소중한 나의 몸

내 얼굴에는 눈, 코, 입, 귀가 있어요. 머리에는 가느다란 머리카락이 빽빽하게 나 있어요. 얼굴과 머리는 목으로 이어져 있어요. 몸통에는 팔과 다리가 달려 있는데, 팔과 다리는 구부렸다 폈다 할 수 있어요. 팔 끝에는 손이, 다리 끝에는 발이 달려 있지요. 손과 발은 까딱까딱 움직일 수 있고, 손가락과 발가락은 접었다 폈다 할 수 있답니다. 내 몸에는 또 어떤 부분이 있을까요?

머리

귀

목

어깨

등

엉덩이

눈

코

입

뺨

팔

손

다리

발

TIP 몸을 지탱하는 것은 뼈, 몸의 바깥쪽을 둘러싼 것은 피부라고 합니다.

몸의 각 부분이 하는 일

눈	코
볼 수 있어요.	냄새를 맡고, 숨을 쉴 수 있어요.

귀	입
여러 가지 소리를 들을 수 있어요.	말하고, 먹고, 숨을 쉴 수 있어요.

손과 팔

몸건을 잡고, 나를 수 있게 해 주어요.

발과 다리

움직일 수 있고, 몸을 지탱해 주어요.

◉ 얼굴에 있는 것에 모두 ○표를 하세요.

손	다리	귀
어깨	눈	코	입

해설 얼굴에 있는 것은 눈, 코, 입, 귀입니다.

◉ 알맞게 선으로 이으세요.

눈	숨을 쉴 수 있다.
귀	음식을 먹을 수 있다.
입	소리를 들을 수 있다.

해설 숨을 쉬고, 음식을 먹을 수 있는 것은 입, 소리를 들을 수 있는 것은 귀입니다.

◉ 다음 설명에 알맞은 말을 쓰세요.

- 몸의 한 부분이다.
- 이웃으로 숨을 쉴 수 있다.
- 이웃으로 냄새를 맡을 수 있다.

코

해설 코로 냄새를 맡고, 숨을 쉴 수 있습니다.

▲ 정답과 해설 35쪽

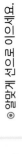

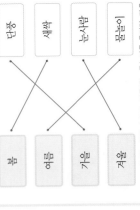

3주차
1회 ②
봄, 여름, 가을, 겨울

과학

우리나라에는 봄, 여름, 가을, 겨울의 사계절이 있어요. 봄이 되면 날이 점점 따뜻해져요. 앙상했던 나뭇가지에는 새싹이 돋고 꽃이 피어요. 여름에는 날씨가 무척 더워요. 나뭇잎은 점점 푸르러지고 울창해져요. 가을이 되면 날이 서늘해져요. 나뭇잎은 알록달록 물게 단풍이 들어요. 겨울에는 춥고 눈이 내려요. 나뭇잎은 떨어지고 나뭇가지는 앙상해져요.

여름
덥고 습하며, 가끔 비가 많이 내려요.

겨울
찬 바람이 불고 추워요. 눈도 내려요.

봄
따뜻해요. 하지만 가끔 꽃샘추위가 오기도 해요.

가을
맑고 시원해요. 높고 푸른 하늘을 볼 수 있어요.

TIP 계절의 이름을 기후에 따라 구분한 것을 답합니다.

이해 우리나라에는 □, □□, □□, □□의 계절이 있어요. 봄 여름 가을 겨울

◎ 알맞게 선으로 이으세요.

봄 — 단풍
여름 — 새싹
가을 — 눈사람
겨울 — 물놀이

해설 봄에는 새싹이 돋고, 여름에는 물놀이를 즐기며, 가을에는 단풍이 들고, 겨울에는 눈사람을 만듭니다.

봄, 여름, 가을, 겨울의 모습

봄
파릇파릇 새싹이 돋아요.

여름
물놀이로 더위를 식혀요.

가을
잘 익은 곡식과 열매를 거두어들여요.

겨울
눈으로 눈사람을 만들어요.

◎ 다음 설명에 알맞은 말을 쓰세요.

· 서늘해지는 계절이다.
· 이 계절이 되면 잘 익은 곡식과 열매를 거두어들인다.

가을

해설 가을은 서늘해지는 계절로, 가을걷이를 합니다.

◎ 알맞은 말에 ○표를 하세요.

여름에는 (비), 안개)가 많이 내린다.

해설 여름에는 비가 많이 내립니다.

2회 · 3주차 ①

건강하게 지내요

▶ 정답과 해설 37쪽

밖에 나갔다 집으로 돌아오면 제일 먼저 무엇을 해야 할까요? 바로 비누로 손을 씻는 거예요. 그래야 눈에 보이지 않는 세균까지 씻을 수 있거든요. 손 씻기는 건강을 지키는 좋은 습관이에요. 또 건강을 위해 골고루 잘 먹어야 해요. 그래야 우리 몸에서 필요로 하는 영양분을 얻을 수 있답니다.

건강을 지키기 위한 방법에는 또 무엇이 있을까요?

손 씻기
밖에 나갔다 왔을 때, 음식을 먹기 전, 지저분한 무언가를 만졌을 때 손을 씻어요.

TIP 건강을 지키기 위해 잠도 잘 자야 합니다.

이해 ◯◯을 지키려면 손을 잘 씻고, 음식을 골고루 먹어야 해요.
건강

건강을 지키기 위한 방법

몸 씻기
아침저녁으로 세수를 하고, 샤워도 자주 해요.

이 닦기
하루 세 번 이를 깨끗이 닦아요.

좋은 식습관 갖기
채소와 과일은 많이 먹고, 과자, 라면 등 즉석식품은 적게 먹어요.

운동하기
튼튼한 몸을 만들기 위해 운동을 해요.

◉ 건강을 지키는 방법에 모두 ◯표를 하세요.

(몸 잘 씻기) (낮잠 자기)
(누워 있기) (이를 닦기)

해설 건강을 지키는 방법으로는 몸 잘 씻기와 이 닦기 등이 있습니다.

◉ 밖에 나갔다 집으로 돌아오면 가장 먼저 해야 할 일에 ◯표를 하세요.

[ ] 텔레비전을 켠다.
[◯] 비누로 손을 씻는다.

해설 외출했다 집에 돌아오면 가장 먼저 손을 씻습니다.

◉ 알맞은 말에 ◯표를 하세요.

음식은 (골고루 · 먹고 싶은 것만) 먹어야 건강해진다.

해설 건강을 지키기 위해서는 음식을 골고루 먹어야 합니다.

2회 3주차 ②

사회

이웃과 사이좋게 지내요

우리나라에는 하나의 건물 안에 여러 집이 모여 있는 아파트가 많아요. 우리 집 바로 가까이에 이웃이 사는 것이지요. 그래서 우리 집에서 시끄러운 소리가 나면 이웃에게 고스란히 전해져요. 실제로 이런 문제로 이웃끼리 싸움을 벌이기도 해요. 하지만 서로 조심하고 이웃과 친하게 지내면, 이웃 간의 다툼을 줄일 수 있답니다.

오늘부터 이웃과 사이좋게 지내기 위해 노력해 보아요.

이웃
서로 가까이에 사는 사람이나 집이에요.

서로 나누기
맛있는 음식, 쓰지 않는 물건, 가짓수가 가진 재능 등을 서로 나누며 살아요.

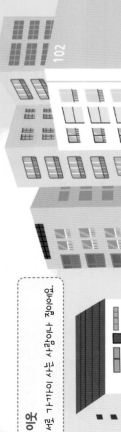

서로 인사하기
만나면 인사하고, 안부를 물어요.

102

> TIP
> 요즘에는 나눔 장터에서 각자의 물건과 재능 등을 함께 나눕니다.

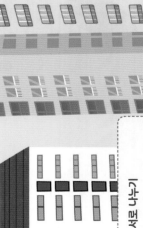

이해 □□과 사이좋게 지내기 위해 노력해야 해요.
이웃

이웃과 사이좋게 지내는 방법

층간 소음에 주의해요.
쿵쿵거리거나 뛰지 말고, 조용히 생활해요.

쉿! 아래집 아기가 깼잖아.

미리 말해요.
이웃에게 폐를 끼쳐야 할 때는 미리 이유를 말하고 허락을 받아요.

죄송한데, 내일 공사가 있어요.

괜찮습니다. 말씀하세요.

서로 도와요.
이웃에 어려운 일이 생기면 서로 도와요.

들어 주셔서 고마워요.

P단계_3주차 85

▶ 정답과 해설 38쪽

◎ 다음 설명에 알맞은 말을 쓰세요.

- 서로 가까이 사는 사람이나 집을 말한다.
- 서로 사이좋게 지내기 위해 노력해야 한다.

이 □ 웃

> 해설 이웃은 서로 가까이 사는 사람이나 집을 말하며, 사이좋게 지내기 위해 노력해야 합니다.

□ 두 번째 생각 다음에 이어질 문장을 찾아 ○표를 하세요.

○

□

◎ 알맞은 내용에 ○표를 하세요.

이웃과 만나면 서로 반갑게 인 사한다.

이웃에 어려움이 생기면 모른 척한다.

> 해설 이웃을 만나면 반갑게 인사하고, 이웃을 만나면 반갑게 인사해야 하고, 이웃에 어려움이 생기면 서로 도와야 합니다.

◎ 알맞은 말에 ○표를 하세요.

이웃과 맛있는 (음식 , 쓰레기) 등을 나누며 산다.

> 해설 이웃과 맛있는 음식, 쓰지 않는 물건 등을 서로 나누며 삽니다.

3회

3주차 ①

동물을 연구한 사람들

엄마 전까지만 해도 사람들은 가족이나 뽑을 얻기 위해 동물을 마구 사냥하거나, 동물이 사는 곳을 함부로 개발했어요. 동물을 함께 살아야 할 친구로 여기지 않았기 때문이에요. 그런데 동물을 연구한 사람들에 의해 이런 생각들이 조금씩 바뀌기 시작했어요. 나아가 자연을 아끼고 보호하자는 마음도 갖게 되었답니다. 우리 함께 동물을 연구한 사람들에 대해 알아보아요.

Tip 스스로 움직이며 다른 생물로부터 양분을 얻어 살아가는 생물을 동물이라고 합니다.

장 앙리 파브르
관찰을 통해 곤충의 생태를 밝혀냈어요. '곤충기'라는 책을 썼어요.

어휘 관찰을 통해 곤충의 생태를 밝혀낸 학자는 □□□ 예요. 장 앙리 파브르

동물을 연구한 사람들

아니스트 톰슨 시턴
자연 속에서 동물을 관찰하여 '동물기'를 쓰고, 직접 그림도 그렸어요.

석주명
75만 마리의 우리 나비를 채집·연구하여, 일부 학자들이 잘못 연구한 것을 바로잡았어요.

제인 구달
탄자니아에서 40여 년간 침팬지를 연구했어요. 요즘에는 환경 운동을 하고 있어요.

'동물기'와 '곤충기'
'동물기'는 아니스트 톰슨 시턴이 발표한 30여 편에 달하는 동물 이야기이고, '곤충기'는 장 앙리 파브르가 지은 10권에 달하는 곤충 관찰 기록입니다.

◉ 동물을 연구한 사람에 모두 ○표를 하세요.

단군 / 장 앙리 파브르 / 석주명 / 아니스트 톰슨 시턴 / 신사임당

해설 단군은 우리나라에 처음으로 나라를 세운 사람이고, 신사임당은 율곡 이이의 어머니이자 화가입니다.

◉ 다음 설명에 알맞은 말을 쓰세요.

• 탄자니아에서 침팬지를 연구한 사람이다.
• 환경 운동을 하고 있다.

제 인 구 달

해설 제인 구달은 탄자니아에서 40여 년간 침팬지를 연구했으며, 현재 환경 운동을 하고 있습니다.

◉ 알맞게 선으로 이으세요.

장 앙리 파브르 ——— 곤충기

아니스트 톰슨 시턴 ——— 동물기

해설 장 앙리 파브르는 곤충을 관찰하여 곤충기를 썼으며, 아니스트 톰슨 시턴은 동물을 관찰하여 동물기를 씁니다.

3회 3주차 ②

안전

놀이터에서 안전하게 놀아요

놀이터는 언제나 친구들로 북적북적해요. 재미있는 놀이 기구들이 가득하거든요. 영앙이를 붕붕 싫으며 타는 시소도 있고, 주르륵 미끄러지는 미끄럼틀도 있고, 포슬포슬한 모래를 만질 수 있는 모래 놀이장도 있어요. 나는 그중에서 그네가 제일 좋아요. 힘차게 발을 구르면 하늘을 나는 것 같거든요. 그런데 놀이터에서 재미있게 놀려면 몇 가지를 조심해야 한데요.

놀이 기구 안전하게 이용하기

미끄럼틀
미끄럼판으로 올라가지 않아요.

시소
서서 타거나, 손잡이를 놓고 타지 않아요.

모래 놀이장
모래를 만진 후에는 손을 씻어요.

그네 놀이
줄을 꼭 잡고 천천히 움직여요.

그네를 탈 때는
- 두 손으로 줄을 꼭 잡아요.
- 친구가 그네를 타면 가까이 다가가지 않아요.

TIP 놀이 기구를 타기 전에는 문제가 없는지 이리저리 살피고, 평소와 다르면 타지 않습니다.

어휘 그네를 탈 때는 두 손으로 □을 꼭 잡아야 해요. 줄

◎ 놀이터의 놀이 기구에 모두 ○표를 하세요.

| 미끄럼틀 | 가스레인지 | 그물 놀이 |
| 그네 | 시소 | 순수레 |

해설 가스레인지는 조리 도구, 순수레는 짐을 나를때 쓰는 도구입니다.

◎ 알맞게 선으로 이으세요.

| 미끄럼틀 | → | 줄을 잡고 천천히 움직이기. |
| 그물 놀이 | → | 미끄럼판으로 올라가지 않기. |

해설 미끄럼틀을 올라갈 때는 계단을 이용하고, 그물 놀이는 줄을 잡고 천천히 움직입니다.

◎ 알맞은 내용에 ○표를 하세요.

| 친구가 그네를 타면 가까이 다가간다. |
| 모래를 만진 후 그네를 탄다. |

해설 그네를 탈 때 가까이 다가가면 서로 부딪힐 수 있으므로 주의해야 합니다.

4회 3주차 ①

안전

교통 규칙을 지켜요

교통사고를 막기 위해 지켜야 할 약속을 교통 규칙이라고 해요. 교통 규칙을 잘 지키면 안전하게 생활할 수 있어요. 어린이는 키가 작아서 운전하는 어른들 눈에 잘 뜨이지 않기 때문에 특히 더 조심해야 해요.

횡단보도를 건널 때는 차가 멈춘 것을 확인하고, 스마트폰을 보면서 건너거나, 앞만 보며 뛰지 말아야 해요. 또 어떤 규칙을 지켜야 하는지 함께 알아보기로 해요.

Tip 횡단보도를 건널 때는 멈추고, 살피고, 건너야 합니다.

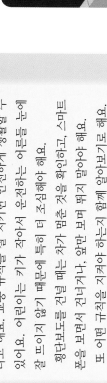

횡단보도를 건널 때는
- 횡단보도 앞에서 멈춰요.
- 왼쪽, 오른쪽 차가 멈추는지 살펴요.
- 차가 멈췄는지 확인해요.
- 손을 들고 길을 건너요.

꼭 지켜야 할 교통 규칙

횡단보도에서만 길을 건너요.

차를 타면 안전띠를 매요.

공이 찻길로 굴러갈 때 가지러 가지 않아요.

차 근처에서는 절대 놀지 않아요.

◉ 알맞은 내용에 ○표를 하세요.

☐ 횡단보도에서만 길을 건넌다.

◎ 공이 찻길로 굴러가면 가지러 간다.

해설 공이 찻길로 굴러갔을 때 가지러 가면 위험합니다. 어른들의 도움을 기다려야 합니다.

◉ 알맞은 말에 ○표를 하세요.

차를 타면 (헬리캠 · 안전띠)를 꼭 맨다.

해설 차를 타면 안전띠를 꼭 매야 합니다.

◉ 다음을 무엇이라고 하는지 쓰세요.

횡 단 보 도

해설 사람들이 찻길을 안전하게 건널 수 있도록 만든 횡단보도입니다.

▲ 정답과 해설 41쪽

3주차 ②

4회

엄마, 아빠를 잃어버렸어요

안전

💡 **TIP** 경찰서나 지구대, 안전드림 앱에 지문 등을 등록해 두면 미아 예방에 큰 도움이 됩니다.

사람이 많거나 길이 복잡한 곳에서는 잠시 다른 데를 보거나 딴생각을 하면 부모님을 잃어버리기 쉬워요. 엄마, 아빠와 함께 움직여야 안전하지요. 하지만 갑자기 문제가 생겨 엄마, 아빠를 잃어버린다면 어떻게 해야 할까요? '멈춰요-생각해요-도움을 요청해요'라는 3가지 순서를 지키면 엄마, 아빠를 다시 만날 수 있답니다.

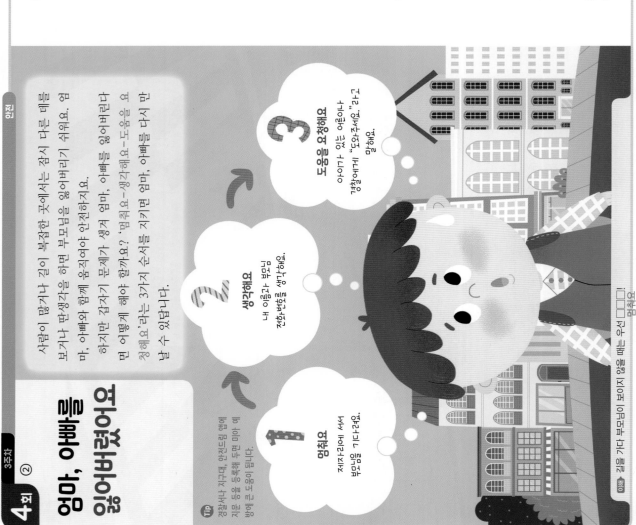

1 멈춰요
제자리에 서서 부모님을 기다려요.

2 생각해요
내 이름과 부모님 전화번호를 생각해요.

3 도움을 요청해요
아이가 있는 어른이나 경찰에게 "도와주세요.", "가고" 라고 말해요.

이해 길을 가다 부모님이 보이지 않을 때는 우선 □□□□! 멈춰요

엄마, 아빠를 잃어버리지 않는 방법

모르는 사람은 절대로 따라가지 않아요.

(말풍선) 나는 엄마 친구야. 엄마가 먼저 데리고 오라고 했어 / 싫어요.

가까운 곳에 공중전화가 있으면 112로 신고하고, 미아보호소가 있다면 가서 도움을 청해요.

미아보호소

(말풍선) 엄마, 아빠를 잃어버렸어요. 도와주세요.

평소에 내 이름과 나이, 엄마, 아빠의 이름과 전화번호, 우리 집 주소 등을 외워 두어요. 또 멀리 나갈 땐 이런 내용이 새겨진 목걸이나 팔찌를 차요.

(말풍선) 나는 김주인이고, 7살이에요. 우리 엄마는 이수정이고, 전화번호는 ……

▶ 정답과 해설 42쪽

◉ 엄마, 아빠를 잃어버렸을 때 해야 할 순서대로 번호를 쓰세요.

생각해요.	2
멈춰요.	1
도움을 요청해요.	3

해설 부모님을 잃어버렸을 때는 '멈춰요-생각해요-도움을 요청해요'의 순서대로 행동합니다.

◉ 알맞은 내용에 ○표를 하세요.

제자리에 서서 부모님을 기다린다. ○

모르는 사람이라도 친절하면 따라간다. ☐

해설 모르는 사람은 절대로 따라가지 않아야 합니다.

◉ 알맞은 말에 ○표 하세요.

평소 엄마, 아빠의 (전화번호, 우편 번호)를 외워 둔다.

해설 평소 부모님의 전화번호, 집 주소 등을 외워 둡니다.

5회 3주차 ①

1부터 10까지의 수

수학

오늘은 민아의 생일이에요. 케이크에 초가 '하나, 둘, 셋, 넷, 다섯, 여섯, 일곱' 개가 꽂혀 있어요. 마지막에 세는 수 '일곱'이 민아의 나이예요. 수로 쓰면 '7', 세는 말까지 붙이면 '일곱 살'이에요.

이처럼 1부터 10까지의 수를 셀 때는, '하나, 둘, 셋, 넷, 다섯, 여섯, 일곱, 여덟, 아홉, 열' 또는 '일, 이, 삼, 사, 오, 육, 칠, 팔, 구, 십'과 같이 나타낼 수 있어요.

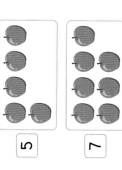

7
칠 일곱

TIP 1부터 시작하여 1씩 커지는 처음 수(자연수)라고 합니다.
이하 1, 2, 3, 4, 5 따위를 □라고 해요.
수

수와 수의 순서

수	수 읽기		수의 순서
1	일	하나	첫째
2	이	둘	둘째
3	삼	셋	셋째
4	사	넷	넷째
5	오	다섯	다섯째
6	육	여섯	여섯째
7	칠	일곱	일곱째
8	팔	여덟	여덟째
9	구	아홉	아홉째
10	십	열	열째

왼쪽 또는 오른쪽에서부터, 위 또는 아래에에서부터 기준을 정하여 수의 순서를 나타낼 수 있어요.

수의 크기 비교하기

 5

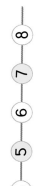 7

5는 7보다 작고, 7은 5보다 커요.

④ ⑤ ⑥ ⑦ ⑧

수를 작은 수부터 차례대로 썼을 때 뒤의 수가 큰 수이고, 앞의 수가 작은 수예요.

◉ 왼쪽 둘째에 있는 공에 ○표를 하세요.

해설 왼쪽에서 첫째, 둘째, 셋째 순이므로, 왼쪽에서 맨 처음 공 바로 다음 공입니다.

◉ 알맞게 선으로 이으세요.

여섯 — 육
셋 ✕ 사
넷 ✕ 삼

3 · 6 · 4

해설 3은 삼 또는 셋, 6은 육 또는 여섯, 4는 사 또는 넷으로 읽습니다.

◉ 사탕을 세어 보고 알맞은 수에 ○표를 하세요.

(8 · 9 · ⑩)

해설 사탕은 모두 10개이므로, 수로 쓰면 10입니다.

5회 3주차 ②

덧셈과 뺄셈

수학

동물원에 곰이 있어요. 호랑이 우리에는 호랑이가 2마리, 크기리 우리에는 크기리가 5마리 있어요.

크기리 우리에는 크기리가 크기리 크기리가 있어요. 나는 호랑이와 크기리가 모두 몇 마리인지 알고 싶어요. 이 둘을 합하면 모두 어떻게 될까요? 덧셈을 해야겠어요.

크기리가 호랑이보다 얼마나 더 많은지도 알고 싶어요. 이 둘을 뺄면 어떻게 될까요? 뺄셈을 해야겠어요.

우리 함께 식을 세워서 덧셈과 뺄셈을 해 보아요.

덧셈식 더하라는 기호
2+5=7
같다는 기호

덧셈 두 수를 합하여 계산하는 것을 말해요.

뺄셈식 빼라는 기호
5-2=3
같다는 기호

뺄셈 어떤 수에서 다른 수를 빼는 것을 말해요.

TIP 합은 더하기를 뜻하고, 차는 빼기를 뜻합니다.

이해 두 수를 합하여 계산하는 것을 □□, 어떤 수에서 다른 수를 빼는 것을 □□이라고 해요.
덧셈 뺄셈

덧셈은 언제 필요할까요?

모두 몇 개인지 알아볼 때는 덧셈을 해야 해요.
덧셈식은 두 수를 더해서 생긴 결과까지 나타낸 식이에요.

 →

덧셈식 2 + 3 = 5

읽기 2 더하기 3은 5와 같습니다.
2와 3의 합은 5입니다.

뺄셈은 언제 필요할까요?

몇 개 남았는지, 누가 몇 개 더 가졌는지를 알아볼 때는 뺄셈을 해야 해요. 뺄셈식은 두 수를 빼서 생긴 결과까지 나타낸 식이에요.

↑

뺄셈식 7 - 5 = 2

읽기 7 빼기 5는 2와 같습니다.
7과 5의 차는 2입니다.

세로셈으로 계산할 수도 있어요

숫자가 커지면 세로셈으로 좀 더 쉽게 계산할 수 있어요. 세로셈으로 계산할 때에는 자릿값을 잘 맞추어 쓰고 일의 자리부터 계산하면 돼요.

```
    8          1 1
  + 3        1 3
  ----      - 2
  1 1        ----
             1 1
```

8+3=11 ↑

13-2=11 ↑

◎ 사과는 모두 몇 개인지 알아보려고 해요. 알맞은 계산에 ○표를 하세요.

(4+3 , 4-3)

해설 사과 4개와 사과 3개가 모두 몇 개인지 알아보려면 4+3과 같이 덧셈을 합니다.

◎ 알맞은 말에 ○표를 하세요.

덧셈식 4 + 2 = 6

읽기 4 (더하기 , 빼기) 2는 6과 같습니다.
덧셈식에서 '+'는 더하기로 읽습니다.

◎ 알맞은 내용에 ○표를 하세요.

1과 2의 합은 3과 같습니다.

2와 1의 차는 3과 같습니다.

해설 2와 1의 차는 1과 같습니다.

□   ○

▲ 정답과 해설 44쪽

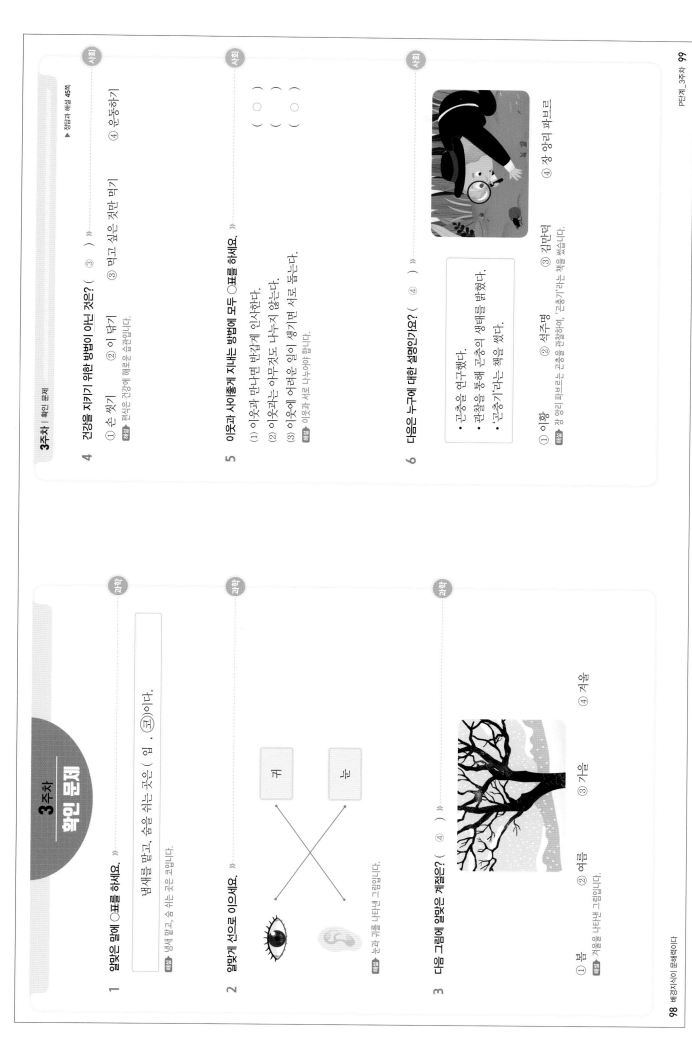

3주차 | 확인 문제

▲ 정답과 해설 45쪽

4 건강을 지키기 위한 방법이 아닌 것은? (③)

① 손 씻기　② 이 닦기　③ 먹고 싶은 것만 먹기　④ 운동하기

해설 편식은 건강에 해로운 습관입니다.

5 이웃과 사이좋게 지내는 방법에 모두 ○표를 하세요.

(1) 이웃과 만나면 반갑게 인사한다. (○)

(2) 이웃과는 아무것도 나누지 않는다. ( )

(3) 이웃에 어려운 일이 생기면 서로 돕는다. (○)

해설 이웃과 서로 나누어야 합니다.

6 다음은 누구에 대한 설명인가요? (④)

- 곤충을 연구했다.
- 관찰을 통해 곤충의 생태를 밝혔다.
- '곤충기'라는 책을 썼다.

① 이황　② 석주명　③ 김만덕　④ 장 앙리 파브르

해설 장 앙리 파브르는 곤충을 관찰하여, '곤충기'라는 책을 썼습니다.

3주차 확인 문제

1 알맞은 말에 ○표를 하세요.

냄새를 맡고, 숨을 쉬는 곳은 (입 , **코**)이다.

해설 냄새 맡고, 숨 쉬는 곳은 코입니다.

2 알맞게 선으로 이으세요.

귀　　눈

해설 눈과 귀를 나타낸 그림입니다.

3 다음 그림에 알맞은 계절은? (④)

① 봄　② 여름　③ 가을　④ 겨울

해설 겨울을 나타낸 그림입니다.

3주차 | 확인 문제

10 길을 가다 엄마, 아빠가 보이지 않으면 어떻게 해야 하는지 ○표를 하세요.

▶ 정답과 해설 46쪽

(1) 울면서 뛰어다닌다. ( )

(2) 제자리에 서서 엄마, 아빠를 기다린다. (○)

해설 부모님을 잃어버렸을 때는 제자리에 서서 부모님을 기다립니다.

11 알맞게 선으로 이으세요.

다섯 — 2

둘 — 1

하나 — 5

해설 1은 하나, 2는 둘, 5는 다섯으로 읽습니다.

12 다음 설명에 알맞은 것은? (①)

- 두 수를 합하여 계산하는 것이다.
- '+'는 더한다는 뜻으로 '더하기'라고 읽는다.

① 덧셈 ② 뺄셈 ③ 세로셈 ④ 가로셈

해설 덧셈은 두 수를 합하여 계산하는 것을 말합니다.

3주차 | 확인 문제

7 알맞은 말에 ○표를 하세요.

미끄럼틀을 탈 때는 (미끄럼판 , 계단)으로 올라가지 않는다.

해설 미끄럼틀에 올라갈 때는 계단을 이용하며, 미끄럼판으로 올라가지 않습니다.

8 다음 중 교통 규칙을 바르게 지킨 것은? (④)

① 차 근처에서 논다.
② 횡단보도를 건널 때 스마트폰을 본다.
③ 횡단보도를 건널 때 앞만 보며 뛰어간다.
④ 공이 찻길로 굴러가면 가지러 가지 않는다.

해설 차 근처에서는 놀지 않고, 횡단보도를 건널 땐 주위를 살피며, 스마트폰을 보지 않습니다.

9 차를 탈 때는 무엇을 매야 하나요? (③)

① 찻길
② 허리띠
③ 안전띠
④ 횡단보도

해설 차를 탈 때는 반드시 안전띠를 매야 합니다.

▶ 정답과 해설 47쪽

3주차
정리 학습

정답과 해설 48쪽

4

주차

정답과 해설

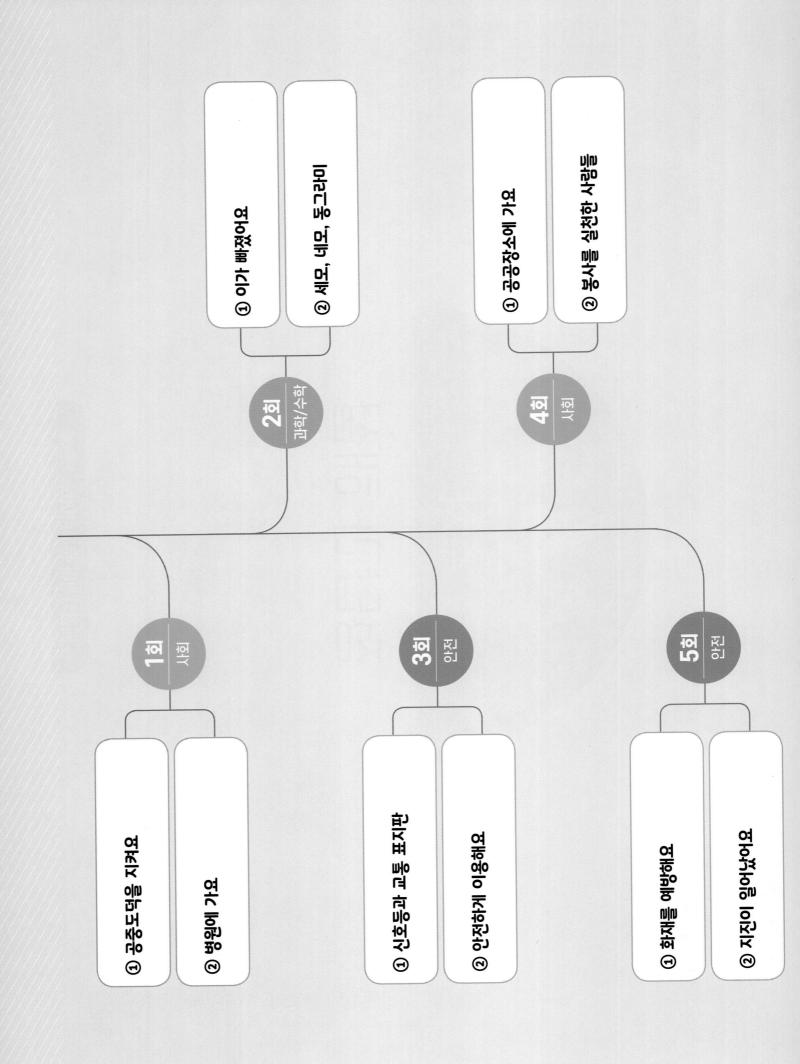

2회 과학/수학
① 이가 빠졌어요
② 코피, 멍, 두드러기

4회 사회
① 공공장소에 가요
② 봉사를 실천한 사람들

1회 사회
① 공중도덕을 지켜요
② 병원에 가요

3회 안전
① 신호등과 교통 표지판
② 안전하게 이용해요

5회 안전
① 화재를 예방해요
② 지진이 일어났어요

1회 ①

4주차

공중도덕을 지켜요

사회

공중도덕이란 모두가 지켜야 할 규칙을 말해요. 만약 사람이 많은 곳에서 내 맘대로 하면 여러 사람이 불편함을 느낄 거예요. 자칫 사고로 이어질 수도 있고요. 모두를 위해 공중도덕을 지켜야 하지요. 그러면 공중도덕을 지키기 위해 어떻게 해야 할까요?

우선 시끄럽게 떠들거나, 뛰어다니며 장난치지 않아요. 또 물건을 함부로 만져서도 안 돼요.

어휘 편리한 생활을 위해 모두가 지켜야 할 규칙을 □□□□이라고 해요.　공중도덕

Tip 사람이 많은 공공장소에서는 공중도덕을 잘 지켜야 합니다.

시끄럽게 떠들지 않아요.

함부로 만지지 않아요.

공중도덕 지키기

공중화장실
차례로 줄을 서서, 깨끗하게 사용해요.

영화관
영화를 볼 때는 조용히 하고, 앞자리를 발로 차지 않아요.

공원
내문 자리는 깨끗하게 치워요.

◎ 알맞은 내용에 ○표를 하세요.

박물관에서 신기한 걸 보면 만진다.

도서관에서 떠들거나 뛰지 않는다.

해설 공공장소에서는 물건을 함부로 만져서도, 뛰어서도 안 됩니다.

◎ 다음은 어느 장소에서 지켜야 할 공중도덕인지 쓰세요.

내문 자리는 깨끗하게 치운다.

해설 공원에서 내가 머물렀던 자리는 깨끗하게 치웁니다.

공　원

◎ 알맞은 말에 ○표를 하세요.

공중화장실은 (깨끗하게 , 더럽게) 사용한다.

해설 공중화장실은 깨끗하게 사용합니다. 다른 사람에게 불쾌감을 줄 수 있기 때문입니다.

1회 ② 4주차

병원에 가요

사회

열이 나고 콧물이 나서 엄마와 이비인후과에 갔어요. 계절이 바뀌는 때마다 병원 안에는 사람이 많았어요. 의사 선생님은 내 목과 코를 살펴보고, 청진기로 내 몸의 소리를 들었어요. 그러고는 감기라고 하시며 며칠 약을 먹어야 할 것 같다고 하셨어요. 약국에서 달콤한 물약을 주셨어요. 약국에는 감기로 들러 갔던 곳으로 온통 주변에 병원이 참 많았어요. 나는 다른 곳이 아프면 어느 병원에 가야 할지 궁금해졌어요.

병원
아픈 곳을 살피고, 치료하는 곳이에요.

이비인후과
귓속, 콧속, 무구멍이 아플 때 가는 병원이에요.

TIP
병원은 아픈 곳을 치료하고, 병을 예방하며, 재활을 담당하는 곳입니다.
이해 몸이 아프면 ◻에 가야 해요.
병원

여러 가지 병원

소아 청소년과
아기부터 청소년까지 가는 병원이에요.

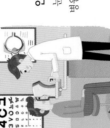

안과
눈병을 치료하는 병원이에요.

치과
이나 잇몸에 생긴 병을 치료하는 병원이에요.

정형외과
근육이나 뼈를 다쳤을 때 가는 병원이에요.

◎ 알맞은 말에 ○표를 하세요.

눈병이 나면 (안과 · 치과)에 가서 치료를 받는다.
해설 눈병이 나면 안과에 가서 치료를 받습니다.

◎ 알맞은 내용에 ○표를 하세요.

◻ 치과는 근육이나 뼈를 치료하는 병원이다.

○ 소아 청소년과는 아기부터 청소년까지 가는 병원이다.
해설 치과는 이나 잇몸에 생긴 병을 치료하는 병원입니다.

◎ 알맞게 선으로 이으세요.

이비인후과 — 귓속, 콧속, 무구멍을 치료한다.

정형외과 — 근육이나 뼈를 치료한다.
해설 이비인후과는 귓속, 콧속, 무구멍이 병을 치료하는 병원이고, 정형외과는 근육이나 뼈를 치료하는 병원입니다.

2회

4주차 ①

이가 빠졌어요

과학

젤리를 먹는데 앞니 하나가 쑥 빠졌어요. 나는 놀라서 눈물이 났어요. 엄마는 튼튼한 새 이가 나려고 아기 이가 빠진 거라고 하셨어요. 그리고 입을 벌려 송곳니와 어금니도 살펴보셨어요. 엄마와 어금니가 예쁘게 나려면 지금 쓰고 있는 이를 잘 보살펴야 한다고 하셨어요. 나는 양치질을 더 열심히 해야겠다고 마음먹었어요.

TIP 유치는 6~8개월부터 나기 시작하고, 영구치는 6~7세부터 나기 시작합니다.

앞니
앞쪽에 아래위로 4개씩 나 있는 이로, 음식물을 잘라요.

이해 앞니, 어금니, 송곳니 등을 □라고 해요.

어금니와 송곳니

어금니
안쪽에 있는 큰 이로 음식물을 잘게 부수어요.

송곳니
앞니와 어금니 사이에 있는 뾰족한 이로, 음식물을 찢어요.

유치와 영구치

유치
아기 때 쓰는 이로 '젖니'라고도 불러요.

영구치
유치가 빠진 뒤에 나는 이로, 한 번 나면 다시 나지 않아요.

◉ 이의 이름에 모두 ○표를 하세요.

앞니 어머니 어금니
언니 송곳니 버릇니

해설 앞니, 어금니, 송곳니는 이의 이름입니다.

◉ 다음 설명에 알맞은 말을 쓰세요.

• 유치가 빠진 뒤에 나는 이이다.
• 한 번 나면 다시 나지 않는다.

| 영 | 구 | 치 |

해설 영구치는 유치가 빠진 뒤에 새로 나는 이로, 한 번 나면 다시 나지 않습니다.

◉ 알맞은 내용에 ○표를 하세요.

유치는 '젖니'라고도 부른다. ○

송곳니는 납작한 모양이다. □

해설 송곳니는 앞니와 어금니 사이에 있는 뾰족한 이입니다.

2회 ②
세모, 네모, 동그라미

수학

친구들이 모양이 서로 다른 간식을 골랐어요. 샌드위치는 뾰족한 곳이 세 군데인 세모 모양이고요. 초콜릿은 뾰족한 곳이 네 군데인 네모 모양이에요. 피자는 모양이 둥글고 뾰족한 곳이 없는 동그라미 모양이에요. 이렇게 서로 다른 모양끼리 모아서 각 모양의 특징이 보여요. 우리는 세모, 네모, 동그라미 모양을 더 찾아보기로 했어요.

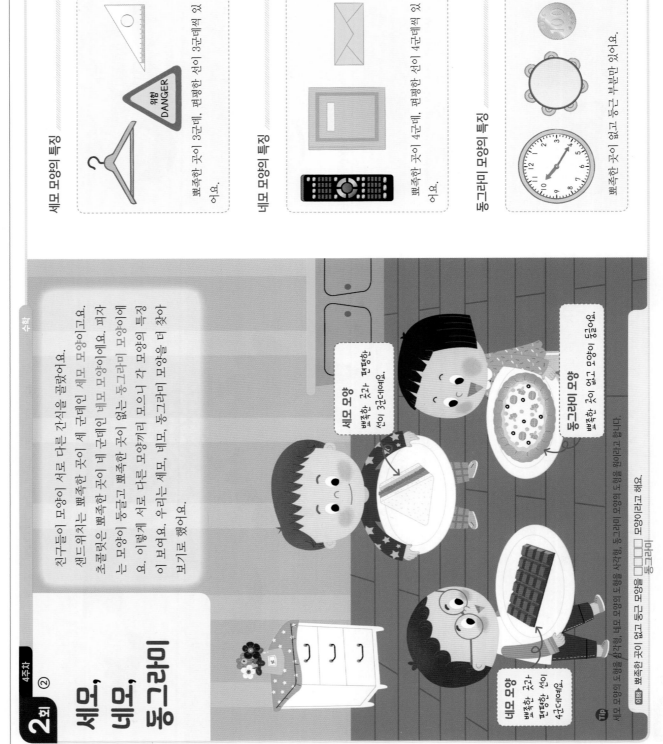

세모 모양
뾰족한 곳가 편평한 선이 3군데예요.

네모 모양
뾰족한 곳이 있어
4군데예요.

동그라미 모양
뾰족한 곳이 없고 둥근 모양이에요.

Tip

세모 모양의 특징을 알아보며, 세모 모양의 도형을 삼각형, 네모 모양의 도형을 사각형, 동그라미 모양의 도형을 원이라고 합니다.

이해 뾰족한 곳이 없고 둥근 모양을 □□□□□ 모양이라고 해요.
동그라미

세모 모양의 특징
뾰족한 곳이 3군데, 편평한 선이 3군데씩 있어요.

위험 DANGER

네모 모양의 특징
뾰족한 곳이 4군데, 편평한 선이 4군데씩 있어요.

동그라미 모양의 특징
뾰족한 곳이 없고 둥근 부분만 있어요.

▲ 정답과 해설 54쪽

◉ 다음 물건에서 찾을 수 있는 모양에 ○표 를 하세요.

(세모 . 네모) 모양입니다.

해설 책, 스케치북은 네모 모양입니다.

◉ 알맞게 선으로 이으세요.

옷걸이에서 세모 모양을, 시계에서 동그라미 모양을, 책에서 네모 모양을 찾을 수 있습니다.

◉ 동그라미 모양에 대한 설명에 ○표를 하세요.

평평한 선이 있다.

뾰족한 곳이 없다.

해설 동그라미 모양은 평평한 선과 뾰족한 부분이 없습니다.

3회 4주차 ①

신호등과 교통 표지판

안전

채영이네 집 앞에 작은 공원이 생겼어요. 채영이는 공원에 가려고 집을 나섰어요. 횡단보도에 도착하니 신호등이 녹색 불이 깜박였어요. 채영이는 걸음을 멈췄어요. 불이 깜박이면 곧 신호가 바뀐다는 뜻이니까요.

채영이는 횡단보도 앞에 서서 찻길 여기저기를 살펴보았어요. 찻길에는 사람이 보는 신호등과 차들이 보는 신호등이 있었고, 교통 표지판도 있었지요.

TIP 신호등이나 교통 표지판의 모양은 나라마다 조금씩 다릅니다.

교통 표지판
안전하게 다닐 수 있도록 그림이나 글로 알려 주는 표지판을 말해요.

신호등
사람이나 차가 가고 설 수 있도록 불빛으로 신호하는 장치예요.

안전 유치원

이해 이 녹색 불이 깜박일 때는 무리하게 건너면 위험해요.
신호등

여러 가지 교통 표지판

 길을 건널 수 있는 횡단보도가 있다는 표시예요.

 차를 잠시라도 세워 두지 말라는 표시예요.

 찻길 공사 중이니 조심해서 지나가라는 표시예요.

 자전거만 다닐 수 있다는 표시예요.

◎ 다음 설명에 알맞은 말을 쓰세요.

• 사람이나 차가 가고 설 수 있도록 불빛으로 신호를 하는 장치이다.
• 빨간불일 때 멈추고, 녹색 불일 때 간다.

→ 신 호 등

해설 신호등은 차가 가고 설 수 있도록 불빛으로 신호를 하는 장치로, 빨간불일 때 멈추고, 녹색 불일 때 갑니다.

◎ 알맞게 선으로 이으세요.

[횡단보도] • • 횡단보도가 있다는 표시.

[공사] • • 찻길에서 공사를 한다는 표시.

해설 횡단보도 표지판은 횡단보도가 있다는 뜻이고, 공사 중 표지판은 찻길에서 공사를 한다는 뜻입니다.

◎ 알맞은 말에 ○표를 하세요.

(신호등 , 교통 표지판)은 안전하게 다닐 수 있도록 그림이나 글로 알려 주는 표지판을 말한다.

해설 교통 표지판은 안전하게 다닐 수 있도록 그림이나 글로 알려 주는 표지판입니다.

안전
3회
4주차 ②

안전하게 이용해요

엄마와 할아버지 생신 선물을 사러 백화점에 왔어요.
그런데 백화점에 들어오다 백화점을 들어가는 회전문에 끼일 뻔했어요. 가슴이 두근두근하고 눈물도 찔끔 났어요. 그래서 에스컬레이터도 조심조심 타고, 엘리베이터에서도 안전히 있었어요. 다칠까 봐 겁이 났거든요.
엄마가 늘 조심해야 한다고 말씀하셨어요. 이제부터는 앞도 잘 보고, 주위도 잘 살피며 다닐 거예요.

TIP
눈이 오는 날에는
미끄러운 맨홀 뚜껑을 밟지 않도록 주의
합니다.

에스컬레이터에서는
• 노란 선 안에 두 발을 올리고 그 손잡이를 꼭 잡아요.
• 신발이나 옷이 끼지 않도록 조심해요.

이해 에스컬레이터를 탈 때는 꼭 □□□를 잡아야 해요.
손잡이

안전하게 이용하기

회전문
꼭 어른과 함께 이용하고, 옷이나 몸이 끼지 않도록 조심해요.

엘리베이터
쿵쿵 뛰거나, 버튼을 함부로 누르지 않아요.

환기구
떨어질 위험이 있으므로, 환기구 위에 올라가지 않아요.

◉ 알맞은 내용에 ○표를 하세요.

환기구에 올라간다.

엘리베이터에서 뛰지 않는다.

해설 환기구는 추락 위험이 있으므로 올라가지 않습니다.

◉ 다음은 무엇을 안전하게 이용하는 것인지 쓰세요.

• 노란 선 안에 두 발을 올리고 손잡이를 잡는다.
• 신발이나 옷이 끼지 않도록 조심한다.

| 에 | 스 | 컬 | 레 | 이 | 터 |

해설 에스컬레이터를 탈 땐 노란 선 안에 두 발을 올리고 손잡이를 잡습니다. 또 신발이나 옷이 끼지 않게 조심합니다.

◉ 알맞게 선으로 이으세요.

엘리베이터 — 꼭 어른과 함께 이용한다.

회전문 — 버튼을 함부로 누르지 않는다.

해설 엘리베이터를 탈 때 버튼을 함부로 누르지 않고, 회전문을 이용할 때는 반드시 어른과 함께합니다.

4회

4주차 ①

공공장소에 가요

사회

공공장소란 여러 사람이 함께 이용하는 곳이에요. 박물관, 공원, 마트, 공중화장실, 영화관, 은행 등 종류가 아주 다양하답니다.

하지만 나이가 어리거나 많거나, 몸이 불편하거나 건강하기에 관계없이 누구나 이용할 수 있다는 점은 같아요. 그래서 공공장소에서는 서로를 위해 공중도덕과 예절을 지키고, 남을 배려해서 행동해야 한답니다.

공중화장실
여러 사람이 깨끗하게 쓸 수 있도록 만든 곳이에요.

공원
쉬거나, 운동을 하거나, 놀 수 있도록 만든 곳이에요.

TIP 공공장소에서는 너무 시끄럽게 떠들거나, 뛰어다니며 장난치지 말아야 합니다.

어휘 여러 사람이 함께 이용하는 곳을 □□□이라고 해요.
공공장소

공공장소의 종류

영화관
영화나 만화 영화를 보는 곳이에요.

은행
돈을 맡기거나 빌려주는 곳이에요.

마트
물건을 종류별로 모아 놓고 파는 곳이에요.

◉ 공공장소에 모두 ○표를 하세요.

공중화장실   우리 집

마트   공원   친구 집

은행

해설 가족이나 친척, 친구, 이웃이 생활하는 곳은 함께 사용하는 곳이 아니므로 공공장소가 아닙니다.

◉ 알맞게 선으로 이으세요.

마트 —— 물건을 종류별로 모아 놓고 파는 곳.

은행 —— 돈을 맡기거나 빌려주는 곳.

해설 마트는 물건을 파는 곳이고, 은행은 돈을 맡기거나 빌려주는 곳입니다.

◉ 다음 설명에 알맞은 말을 쓰세요.

• 여러 사람이 함께 이용하는 곳이다.
• 이곳에서는 공중도덕과 예절을 지켜야 한다.

| 공 | 공 | 장 | 소 |

해설 여러 사람이 함께 이용하는 곳을 공공장소라고 합니다.

4회

② 봉사를 실천한 사람들

우리 주변에는 다양한 이웃이 살아요. 그중에는 어렵고 힘든 이웃도 있지요. 우리는 이런 이웃을 위해 봉사 활동을 하기도 해요. 어려운 이웃을 위해 이웃 돕기 성금을 내기도 하고, 도움을 주기도 해요. 하지만 이것을 계속하기는 쉽지 않아요. 그런데 자신을 돌보지 않고 남을 돕는 일을 죽을 때까지 계속한 분들이 있어요. 바로 알베르트 슈바이처와 테레사 수녀를 위해 봉사했답니다. 두 분은 가난하고 아픈 사람들을 위해 봉사했답니다.

알베르트 슈바이처
아프리카 가봉에 병원을 세워서, 아픈 사람들을 고쳐 주었어요. 1952년 노벨 평화상을 받았어요.

TIP
노벨 평화상은 세계 평화에 이바지한 사람이나 단체에게 주는 상이에요.

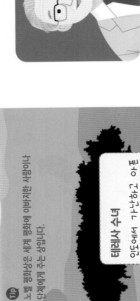

테레사 수녀
인도에서 가난하고 아픈 사람들을 도왔어요. 1979년 노벨 평화상을 받았어요.

이해 테레사 수녀는 가난하고 아픈 사람들을 위해 □□를 했어요.
봉사

봉사를 실천한 사람들(우리나라)

김만덕
제주도에 흉년이 들자 곡식을 사서 제주도 사람들에게 나누어 주었어요.

장기려
부산에 병원을 세우고 가난한 사람들을 치료했어요.

이태석 신부
아프리카 수단에 병원과 학교를 세우고 아픈 사람들과 아이들을 돌보았어요.

이종욱
한센병 치료를 위해 노력했으며, 가난한 나라의 소아마비 예방에 힘썼어요.

◎ 봉사를 실천한 사람에 모두 ○표를 하세요.

이태석 신부 반 고흐
왕건 알베르트 슈바이처

해설 반 고흐는 화가이고, 왕건은 고려를 세운 사람입니다.

◎ 다음 설명에 알맞은 말을 쓰세요.
• 가난하고 아픈 사람들을 돌본 수녀이다.
• 1979년 노벨 평화상을 받았다.

| 테 | 레 | 사 | 수 | 녀 |

해설 테레사 수녀는 인도에서 가난하고 아픈 사람들을 돌보았으며, 1979년에 노벨 평화상을 받았습니다.

◎ 알맞게 선으로 이으세요.

김만덕 — 부산에 병원을 세우고 가난한 사람들을 치료했다.

장기려 — 제주도에 흉년이 들자 쌀을 사서 나누어 주었다.

해설 김만덕은 제주도에 흉년이 들자 쌀을 사서 나누어 주었고, 장기려는 부산에 병원을 세우고 가난한 사람들을 치료했습니다.

5회

4주차 ①

화재를 예방해요

안전

불은 모든 것을 태워 잿더미로 만들어요. 그래서 큰불이 나면 재산을 잃게 되고, 사람도 죽거나 다칠 수 있어요. 이것을 화재라고 해요.

그런데 몇 가지만 조심하면 불이 나는 것을 막을 수 있어요. 그리고 불이 났을 때 어떻게 하는지 알아 두면 소중한 생명을 지킬 수 있어요. 불이 났을 때 어떻게, 어떻게 해야 하는지 우리 함께 알아보아요.

TIP 불이 났을 때는 주변 사람에게 알리고 119로 신고를 합니다.

화재를 막으려면

가전제품을 사용한 뒤 플러그를 뽑아 두어요.

가스레인지를 쓸 때는 곁에서 지켜보고, 다 쓴 뒤에는 밸브를 잠가요.

소화기는 잘 보이는 곳에 두고 사용법을 익혀 두어요.

화재가 나면

"큰 소리로 '불이야!'라고 소리쳐 주변에 알려요.

젖은 수건으로 입과 코를 막고 자세를 낮춰 피해요.

엘리베이터 대신 계단으로 대피해요.

어휘 불이 나서 재산을 잃거나 사람이 다치는 것을 □□라고 해요. → 화재

소화기 사용법 알아보기

❶ 안전핀을 뽑아요.

❷ 호스의 머리 부분을 잡고, 불이 난 곳으로 가요.

❸ 손잡이를 꽉 움켜쥐어요.

❹ 소화기에서 나오는 하얀 가루가 불을 덮을 수 있도록 골고루 쏴요.

◉ 화재를 예방하는 행동에 ○표를 하세요.

가전제품을 사용한 뒤 플러그를 뽑아 둔다. (○)

가스레인지를 켜 놓고 밖으로 나간다. (□)

해설 가스레인지를 쓸 때는 곁에서 지켜보아야 합니다.

◉ 다음 설명에 알맞은 말을 쓰세요.

· 불을 끄는 데 쓰는 물건이다.
· 잘 보이는 곳에 두고 미리 사용법을 익혀야 한다.

| 소 | 화 | 기 |

해설 소화기는 잘 보이는 곳에 두고 사용법을 익혀 둡니다.

◉ 알맞은 말에 ○표를 하세요.

불이 나면 (건물 안 · (계단))으로 대피한다.

해설 불이 나면 계단을 이용해 건물 밖으로 나가거나 옥상으로 대피합니다.

5회

4주차 ②

지진이 일어났어요

안전

지진은 땅이 갈라지고 흔들리는 것이에요. 큰 지진이 나면 건물이 기울어지거나 무너지며, 길이 끊어지며, 산에서 바위나 흙이 무너져 내려요. 실제로 지진으로 많은 사람이 죽거나 다쳤어요.

하지만 지진이 일어났을 때 몸을 보호하는 방법을 알아 두면 큰 사고를 막을 수 있어요. 지진이 나면 어떻게 하는지 함께 알아보기로 해요.

TIP 지진이 나면 엘리베이터는 절대로 타지 않고 계단으로 대피합니다.

장애 있을 때는
식탁이나 탁자 밑으로 들어가 몸을 보호해요.

이해 □□이 일어나면 건물이 기울어지거나 무너질 수 있어요.
지진

지진 대피 방법

거리에서
가방 등으로 머리를 보호하며, 건물에서 멀리 떨어져요.

전철에서
전철 안의 손잡이나 기둥을 꽉 붙잡고, 안내 방송에 따라요.

백화점이나 마트에서
진열장에서 떨어지는 물건으로부터 몸을 보호하며, 계단이나 기둥으로 피해요.

더 알아 두기
건물 안에 있을 때는 흔들림이 멈추면 바로 건물 밖으로 나와 운동장, 공원처럼 넓은 곳으로 피해요.

▲ 정답과 해설 60쪽

◉ 알맞은 말에 ○표를 하세요.

거리에 있을 때는 (**머리** , 다리)를 보호하며, 건물에서 멀리 떨어진다.

해설 거리에 있을 때 지진이 일어나면 가방 등으로 머리가 다치지 않게 보호하며, 건물에서 멀리 떨어집니다.

◉ 지진이 일어났을 때 알맞은 행동에 ○표를 하세요.

전철에서는 손잡이나 기둥을 꽉 붙잡는다. ◯

흔들림이 멈추어도 계속 건물 안에 있는다. ☐

해설 건물 안에 있을 때는 흔들림이 멈추면 바로 건물 밖으로 나와 운동장이나 공원 같은 넓은 곳으로 피합니다.

◉ 알맞게 선으로 이으세요.

백화점이나 마트 — 계단이나 기둥으로 피한다.

집 안 — 식탁이나 탁자 밑에 들어간다.

해설 백화점이나 마트에서는 계단이나 기둥으로 피하고, 집 안에 있을 때는 식탁이나 의자 밑으로 들어갑니다.

4주차 확인 문제

1. 다음 장소에서 하지 말아야 할 행동은? (①) 〉〉

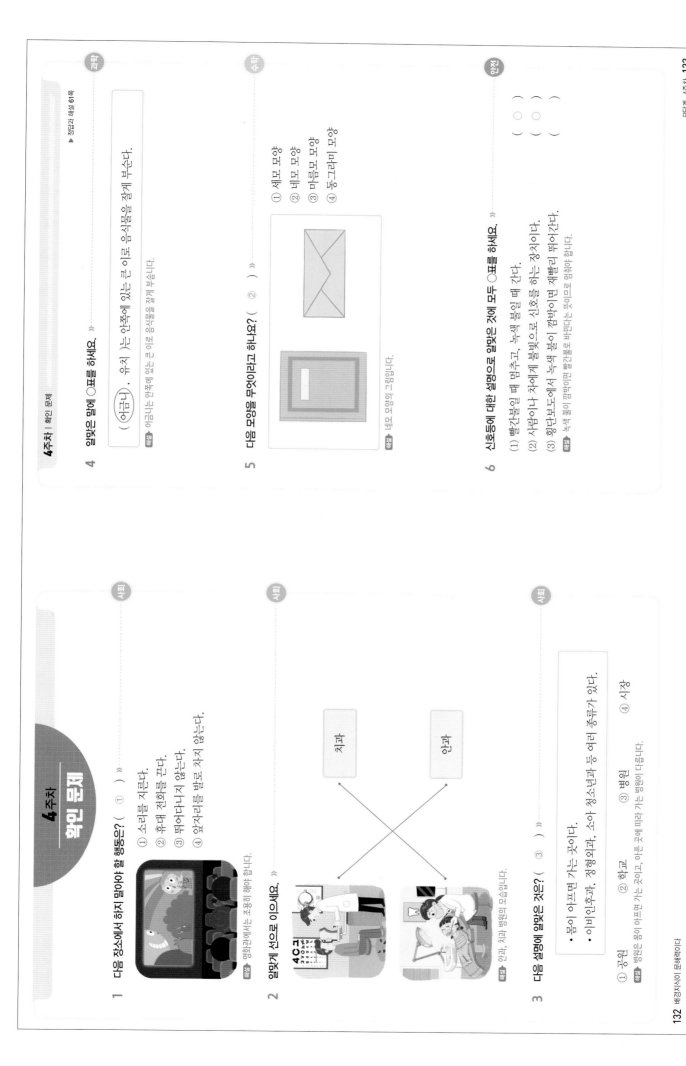

① 소리를 지른다.
② 휴대 전화를 끈다.
③ 뛰어다니지 않는다.
④ 앞자리를 발로 차지 않는다.

[해설] 영화관에서는 조용히 해야 합니다.

사회

2. 알맞게 선으로 이으세요. 〉〉

치과

안과

[해설] 안과, 치과 병원의 모습입니다.

사회

3. 다음 설명에 알맞은 것은? (③) 〉〉

- 몸이 아프면 가는 곳이다.
- 이비인후과, 정형외과, 소아 청소년과 등 여러 종류가 있다.

① 공원　② 학교　③ 병원　④ 시장

[해설] 병원은 몸이 아프면 가는 곳이고, 아픈 곳에 따라 가는 병원이 다릅니다.

사회

4주차 | 확인 문제

▶ 정답과 해설 61쪽

과학

4. 알맞은 말에 ○표를 하세요. 〉〉

(어금니 , 유치) 는 안쪽에 있는 큰 이로 음식물을 잘게 부순다.

[해설] 어금니는 안쪽에 있는 큰 이로 음식물을 잘게 부숩니다.

5. 다음 모양을 무엇이라고 하나요? (②) 〉〉

① 세모 모양
② 네모 모양
③ 마름모 모양
④ 동그라미 모양

[해설] 네모 모양입니다.

수학

6. 신호등에 대한 설명으로 알맞은 것에 모두 ○표를 하세요. 〉〉

(1) 빨간불일 때 멈추고, 녹색 붙일 때 간다.
(2) 사람이나 차에게 불빛으로 신호를 하는 장치이다.
(3) 횡단보도에서 녹색 불이 깜박이면 재빨리 뛰어간다.

[해설] 녹색 불이 깜박이면 빨간불로 곧 바뀐다는 뜻이므로 멈춰야 합니다.

안전

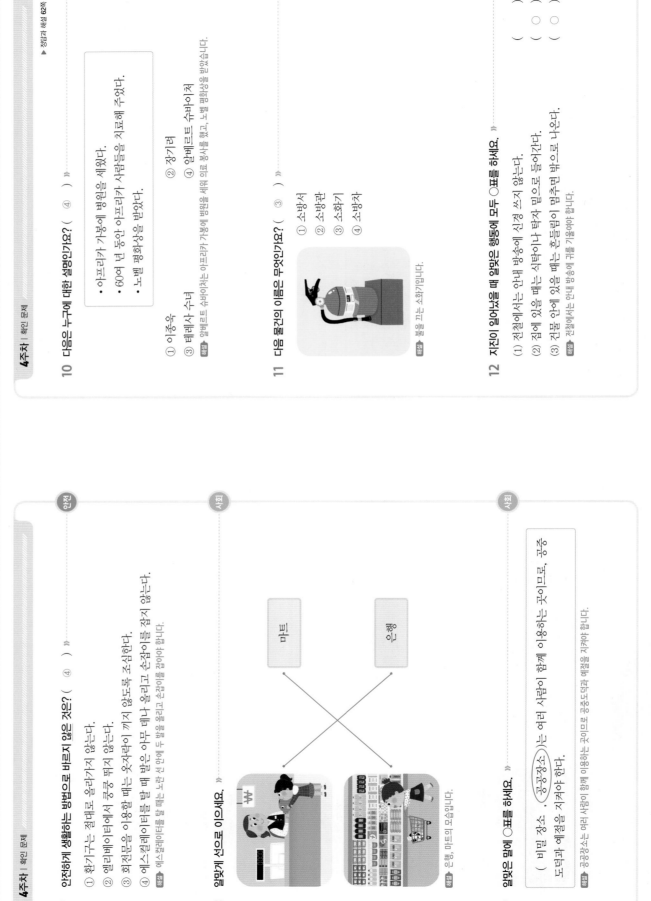

4주차 | 확인 문제

▲ 정답과 해설 62쪽

10 다음은 누구에 대한 설명인가요? (④)

- 아프리카 가봉에 병원을 세웠다.
- 60여 년 동안 아프리카 사람들을 치료해 주었다.
- 노벨 평화상을 받았다.

① 이중섭　　　② 장기려
③ 테레사 수녀　④ 알베르트 슈바이처

해설 알베르트 슈바이처는 아프리카 가봉에 병원을 세워 이후 봉사를 했고, 노벨 평화상을 받았습니다.

11 다음 물건의 이름은 무엇인가요? (③)

① 소방서
② 소방관
③ 소화기
④ 소방차

불을 끄는 소화기입니다.

12 지진이 일어났을 때 알맞은 행동에 모두 ○표를 하세요.

(1) 전철에서는 안내 방송에 신경 쓰지 않는다. (　)
(2) 집에 있을 때는 식탁이나 탁자 밑으로 들어간다. (○)
(3) 건물 안에 있을 때는 승강기를 이용하면 밖으로 나온다. (　)

해설 전철에서는 안내 방송에 귀를 기울여야 합니다.

4주차 | 확인 문제

7 안전하게 생활하는 방법으로 바르지 않은 것은? (④)

① 현기구는 절대로 올라가지 않는다.
② 엘리베이터에서 뛰거나 마구 움직이지 않는다.
③ 회전문을 이용할 때는 옷자락이 끼지 않도록 조심한다.
④ 에스컬레이터를 탈 때 받은 아무 때나 올리고 손잡이를 잡지 않는다.

해설 에스컬레이터를 탈 때는 노란 선 안에 두 발을 올리고 손잡이를 잡아야 합니다.

8 알맞게 선으로 이으세요.

마트

은행

해설 은행, 마트의 모습입니다.

9 알맞은 말에 ○표를 하세요.

(비밀 장소 , (공공장소))는 여러 사람이 함께 이용하는 곳이므로, 공중도덕과 예절을 지켜야 한다.

해설 공공장소는 여러 사람이 함께 이용하는 곳이므로 공중도덕과 예절을 지켜야 합니다.

사회
공공장소에 가요

▲ 정답과 해설 64쪽

안전
집안에서 다쳤어요

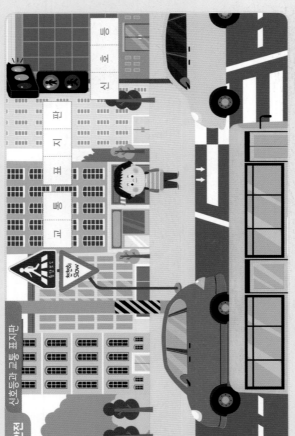

안전
신호등과 교통 표지판

안전
에스컬레이터

정답과 해설